"一带一路"列国人物传系

总主编◎王 丽

蒙古国名人传

THE LEGEND OF THE PEOPLE
ALONG THE BELT AND ROAD
FAMOUS NAMES
OF MONGOLIA

主编◎刘强伦 佟景洋

当代世界出版社
THE CONTEMPORARY WORLD PRESS

图书在版编目（CIP）数据

蒙古国名人传 / 王丽主编；刘强伦，佟景洋分册主编. -- 北京：当代世界出版社，2023.10
ISBN 978-7-5090-1771-5

Ⅰ.①蒙… Ⅱ.①王… ②刘… ③佟… Ⅲ.①名人－列传－蒙古 Ⅳ.①K833.11

中国国家版本馆CIP数据核字(2023)第187518号

书　　名：“一带一路”列国人物传系·蒙古国名人传
监　　制：吕　辉
责任编辑：张　阳
封面设计：三米月
出版发行：当代世界出版社
地　　址：北京市东城区地安门东大街70-9号
邮　　编：100009
邮　　箱：ddsjchubanshe@163.com
编务电话：(010) 83908410-806
发行电话：(010) 83908410-812
　　　　　13601274970　18611107149　13521909533
经　　销：新华书店
印　　刷：北京中科印刷有限公司
开　　本：880毫米×1230毫米　1/32
印　　张：6.125
字　　数：110千字
版　　次：2023年10月第1版
印　　次：2023年10月第1次
书　　号：ISBN 978-7-5090-1771-5
定　　价：42.00元

如发现印装质量问题，请与承印厂联系调换。
版权所有，翻印必究；未经许可，不得转载！

《"一带一路"列国人物传系》编辑委员会

指导单位：

中国文学艺术界联合会

中国社会科学院国家全球战略智库

编委会：

主　任：王　丽

副主任：唐得阳　王灵桂

委　员：（按姓氏笔画排序）

丁闻琦	丁　超	于　青	于福龙	马细谱	王成军	王　丽
王灵桂	王建沂	王春阳	王郦久	王洪起	王宪举	王　渊
文　炜	孔祥琇	石　岚	白明亮	冯玉芝	成　功	朱可人
刘　文	刘思彤	刘铨超	安国君	许文鸿	许烟华	孙钢宏
孙晓玲	苏　秦	杜荣友	李一鸣	李永全	李永庆	李垂发
李玲玲	李贵方	李润南	余志和	宋　健	张　宁	张　敏
陈小明	邵诗洋	邵逸文	周由强	周　戎	周国长	庞亚楠
胡圣文	姜林晨	贺　颖	贾仁山	高子华	高宏然	唐岫敏
唐得阳	董　鹏	韩同飞	景　峰	程　稀	谢路军	翟文婧
熊友奇	鞠思佳					

支持单位：

中国社会科学院俄罗斯东欧中亚研究所

北京融商一带一路法律与商事服务中心

法律顾问：

北京德恒律师事务所

总　序
群星闪耀"一带一路"

2013年9月7日,中国国家主席习近平在哈萨克斯坦纳扎尔巴耶夫大学发表演讲,以博古通今的睿智对大学生们娓娓道来丝绸之路古老而年轻的故事。

"2100多年前,中国汉代的张骞肩负和平友好使命,两次出使中亚,开启了中国同中亚各国友好交往的大门,开辟出一条横贯东西、连接欧亚的丝绸之路。

我的家乡陕西,就位于古丝绸之路的起点。站在这里,回首历史,我仿佛听到了山间回荡的声声驼铃,看到了大漠飘飞的袅袅孤烟。这一切,让我感到十分亲切。

哈萨克斯坦这片土地,是古丝绸之路经过的地方,曾经为沟通东西方文明,促进不同民族、不同文化相互交流和合作作出过重要贡献。东西方使节、商队、游客、学者、工匠川流不息,沿途各国互通有无、互学互鉴,共同推动了人类文明进步。"[1]

---

[1] 《习近平谈治国理政》,北京:外文出版社,2014年10月第1版,第287页。

"不同种族、不同信仰、不同文化背景的国家完全可以共享和平、共同发展。这是古丝绸之路留给我们的宝贵启示","为了使我们欧亚各国经济联系更加紧密、相互合作更加深入、发展空间更加广阔,我们可以用创新的合作模式,共同建设'丝绸之路经济带'"。[1]

推己及人,高瞻远瞩,引领时代,习近平主席在阿斯塔纳[2]通过哈萨克斯坦人民,首次向世界发出了让古老的丝路精神再次焕发青春和光彩的时代宣言。

2013年10月3日,习近平主席在印度尼西亚国会发表了题为《携手建设中国—东盟命运共同体》的演讲,首次向世界发出共建21世纪海上丝绸之路的倡议。

"东南亚地区自古以来就是'海上丝绸之路'的重要枢纽,中国愿同东盟国家加强海上合作,使用好中国政府设立的中国—东盟海上合作基金,发展好海洋合作伙伴关系,共同建设21世纪'海上丝绸之路'","发挥各自优势,实现多元共生、包容共进,共同造福于本地区人民和世界各国人民"。[3]

这个倡议和9月7日的演讲异曲同工、遥相呼应、互为

---

[1] 《习近平谈治国理政》,北京:外文出版社,2014年10月第1版,第287页。
[2] 哈萨克斯坦首都,2019年3月改名为努尔苏丹。
[3] 《习近平谈治国理政》,北京:外文出版社,2014年10月第1版,第293-295页。

映衬，完整地提出了"丝绸之路经济带"和"21世纪海上丝绸之路"的宏伟构想。

从广袤的亚欧腹地哈萨克斯坦到风光旖旎的印度尼西亚，习近平主席提出的"丝绸之路经济带"和"21世纪海上丝绸之路"吸引了世界各国的目光。从2013年9月至2016年8月，习近平主席出访37个国家（亚洲18国、欧洲9国、非洲3国、拉美4国、大洋洲3国），对"一带一路"倡议的总体框架和基本内涵做了充分阐述。和平合作、开放包容、互学互鉴、互利共赢的丝路精神，共商、共建、共享的治理理念，驱散了"去全球化"的阴霾，为增长乏力的世界经济注入新的动能。各国纷纷将本国经济发展与中国政府制定的《推动共建丝绸之路经济带和21世纪海上丝绸之路的愿景与行动》规划相对接。"一带一路"倡导的政策沟通、设施联通、贸易畅通、资金融通、民心相通，正在以基础设施、经贸合作、产业投资、能源资源、金融支撑、人文交流、生态环保、海洋合作等为载体和依托，在全球掀起了投资兴业、互联互通、技术创新、产能合作的新势头。2016年中国牵头成立有57个成员国加入的亚洲基础设施投资银行（AIIB），截至2018年12月19日成员总数增至93个，在13个国家开展35个项目。孟加拉配电系统升级扩容项目、印尼全国棚户区改造项目、巴基斯坦国家高速公路项目和塔吉克斯坦杜尚别至乌兹别克斯坦道路改造项目已经获得亚投行融资支持，共商共建共享成为现实。

"一带一路"倡议得到国际社会的积极响应。2016年11月17日，第71届联合国大会193个成员国一致赞同，通过了第A/71/9号决议，欢迎"一带一路"倡议，敦促各方通过参与"一带一路"倡议，促进阿富汗及地区经济发展，呼吁国际社会为开展"一带一路"建设提供安全环境保障。2017年3月17日，联合国安理会一致通过第2344号决议，呼吁国际社会凝聚援助阿富汗共识，通过"一带一路"建设等加强区域经济合作，敦促各方为"一带一路"建设提供安全环境保障。

2017年1月，习近平主席在联合国日内瓦总部发表题为《共同构建人类命运共同体》的重要演讲，全面深入系统阐述人类命运共同体重大理念，为解决全球性挑战提出中国方案，在国际上引起热烈共鸣，受到各方普遍欢迎和高度评价。3月23日，联合国人权理事会第34次会议通过关于"经济、社会、文化权利"和"粮食权"两个决议，决议明确表示支持"构建人类命运共同体"。这是人类命运共同体理念首次载入联合国人权理事会决议，标志着这一理念成为国际人权话语体系的重要组成部分。

"一带一路"不是中国的独角戏，是与亚、欧、非洲及世界各国共同奏响的交响乐。中国恪守联合国宪章宗旨和原则，坚持开放合作、和谐包容、政策沟通，培育政治互信，建立合作共识，协调发展战略，促进贸易便利化及多边合作体制机制。中国携手100多个国家和地区，依托国际大通道，以陆上沿线中心城市为支撑，以重点经贸产业园区为合作平台，共同打造的新亚欧大陆桥、中蒙俄、中国—中亚—西亚、中巴、孟中印缅、中国—中南半岛等国际经济合作走廊进展顺利，中欧班列在贸易畅通上动力强劲、风景亮丽；以海上重点港口为节点，共同建设通畅安全高效的运输通道，实现陆海联动，太平洋、印度洋、大西洋上巨轮往来频繁，互通有无。亚太经合组织、亚欧会议、大湄公河次区域合作的有关决议和文件，都体现了"一带一路"建设内容。丝路基金、开发性金融、供应链金融汇聚全球财富，建设绿色、健康、智慧、和平的丝绸之路，增进各国民众福祉。

"一带一路"是人类历史上前所未有的宏伟蓝图，也是横跨亚非欧连接世界各国的暖心红线。丝绸之路经济带包括中国经中亚、俄罗斯至欧洲（波罗的海），中国经中亚、西亚至波斯湾、地中海，中国至东南亚、南亚、印度洋；21世纪海上丝绸之路包括从中国沿海港口过南海到印度洋再延伸至欧洲和南太平洋。一路驼铃声声、舟楫相望，互通有无、友好交往。

在新的时代，在创新古老丝路精神的伟大进程中，习近平主席专门缅怀丝路开拓者，特意致敬古丝路精神奠基人：

"我们的祖先在大漠戈壁上'驰命走驿,不绝于时月',在汪洋大海中'云帆高张,昼夜星驰',走在了古代世界各民族友好交往的前列。甘英、郑和、伊本·白图泰是我们熟悉的中阿交流友好使者。丝绸之路把中国的造纸术、火药、印刷术、指南针经阿拉伯地区传播到欧洲,又把阿拉伯的天文、历法、医药介绍到中国,在文明交流互鉴史上写下了重要篇章。

"千百年来,丝绸之路承载的和平合作、开放包容、互学互鉴、互利共赢精神薪火相传。"[1]

这种吃水不忘挖井人的情怀,再次展现了中华民族不忘历史、纪念先贤、展望未来的优秀文化基因,也为中国传记文学学会参加"一带一路"建设指明了方向和道路。

在古老的丝绸之路上,我们不曾相忘:张骞出使西域到过的世界上最大的内陆国家哈萨克斯坦、山高水长的好邻居巴基斯坦、横跨欧亚大陆的俄罗斯、草原之国蒙古国、喜马拉雅浮世天堂尼泊尔、菩提恒河保佑之国印度、文化瑰宝伊朗、首创法典之国伊拉克、红海门户也门、石油王国沙特阿拉伯、波斯湾明珠巴林、雪松之国黎巴嫩、海湾之秀科威特、沙漠之巅阿联酋、半岛明珠卡塔尔、霍尔木兹海峡守门人阿曼、

---

[1] 习近平:《弘扬丝路精神,深化中阿合作》,2014年6月5日,习近平在中—阿合作论坛第六届部长级会议开幕式上的讲话,载《人民日报》,2014年6月6日,第1版。

万湖之国白俄罗斯、欧亚十字路口土耳其、流着奶和蜜之地以色列、欧洲粮仓乌克兰、亚平宁半岛上的文化巅峰意大利、欧洲屋脊瑞士、玫瑰之国保加利亚、与灵魂对话的思辨之国德意志、欧洲文化殿堂法兰西、欧洲客厅比利时、郁金香之国荷兰、热情如火的西班牙，还有绅士国度英国、北非金字塔之国埃及、非洲屋脊埃塞俄比亚、香草之都马达加斯加，等等。

沿着海上丝绸之路，我们会领略橡胶王国马来西亚、花园国度新加坡、千岛之国菲律宾、赤道翡翠之国印度尼西亚；沿澜沧江一路南下，我们不曾相忘澜湄泽润之国越南、千佛之国泰国、微笑之国柬埔寨、万象之都老挝、印度洋上明珠之国斯里兰卡、印度洋上的明珠和钥匙毛里求斯、堆金积玉之国文莱、追求自由之国东帝汶、印度洋上的世外桃源马尔代夫、骑在羊背上的国家澳大利亚、上帝的后花园新西兰；等等。

"一带一路"沿线国家里，那些千百年来影响了人类与社会发展、国家与民族命运，并与中国曾经有过交往的古今人物，至今还能在教科书、影视剧里看到他们，还能感受到他们在一代又一代年轻人身上所产生的影响和魅力。

当然，对于中国人来说，更为熟悉的是丝绸之路的开拓者。曾记否？丝绸之路开拓者中，有汉武帝和他的使节们，有首开大唐盛世的唐太宗及其臣民，有再续睦邻通商航海路的宋祖朝廷和无数先贤，还有金戈铁马风漫卷的元代人物，一统江山万里帆的明代人物，环球凉热自清浊的清代人物，东西碰撞溅火花的近代人物，还有经受风雨变迁、勇立海国之志的现代人物，更有丝路明珠敦煌莫高窟的守护者，卫国助邻的将军和通司中外的外交家们。当然，数风流人物，还看今朝，我们不能不浓墨重彩地讴歌那些智通商海，投身到新丝路建设中的当代人物。

耕云播雨，香火延续，智慧传承，历史再续！2100多年的友好交往历史从未隔断，惠及三大洲的中西交流从未停歇，21世纪的"中国梦"和"世界梦"汇成了人类命运共同体的时代和弦，响彻在"一带一路"辽阔的长空。也正因如此，2017年5月，北京喜迎来自"一带一路"相关国家的元首、政府首脑、前政要、知名企业家和专家学者等各界代表，以及国际组织的负责人等千名领袖，出席第一届"一带一路"国际合作高峰论坛。"千人盛会"共襄"团结互信、平等互利、包容互鉴、合作共赢"[1]之盛举，共商"造福沿途各国人民的大事业"[2]之合作共赢大计。这是中华民族和世界历史上都应该铭记的大日子。

以人物传记写作为己任的中国传记文学学会，在"一带

---

[1] 习近平：《弘扬人民友谊，共创美好未来》，2013年9月7日，习近平主席在哈萨克斯坦纳扎尔巴耶夫大学的演讲。
[2] 同上。

一路"倡议实施中，肩负"讲好'一带一路'民心相通好故事"的使命和责任，这也是国家赋予我们的根本职责和任务。在中国文学艺术界联合会的领导下，在中国社会科学院国家全球战略智库指导下，中国传记文学学会以赤诚的家国情怀、强烈的时代精神、为人传记的责任担当，在认真调研、周密谋划、精心组织基础上，决定倾注全力组织编写出版《"一带一路"列国人物传系》。传系讲述近千名各国人物故事，集数百位专家作家尽心挥毫，夜以继日，……幸得中国民营经济国际合作商会倾力赞助，又得中央文化企业当代世界出版社有限公司出版发行。于是，各位读者得以读到手中的这套活泼而不失厚重、有趣而不失学养的列国人物合传书卷。

孔子曰："仁者，人也。"让各国的先贤智者的思想光辉，照亮我们探索人类未来的道路。

传记明志，落笔为文，是为总序。

中国传记文学学会会长

《"一带一路"列国人物传系》编委会主任　王丽博士

2019年3月30日

Introduction:
The Star-Studded "Belt and Road"

On September 7, 2013, Chinese President Xi Jinping delivered a speech at Kazakhstan's Nazarbayev University, telling college students the ancient yet up to date stories of the Silk Road with well-versed wisdom.

"More than 2,100 years ago during the Han Dynasty (206 BC-AD 220), a Chinese envoy named Zhang Qian was twice sent to Central Asia on missions of peace and friendship. His journeys opened the door to friendly contacts between China and Central Asian countries, and started the Silk Road linking east and west, Asia and Europe.

Shaanxi, my home province, is right at the starting point of the ancient Silk Road. Today, as I stand here and look back at that history, I seem to hear the camel bells echoing in the mountains and see the wisp of smoke rising from the desert, and this gives me a specially good feeling.

Kazakhstan, located on the ancient Silk Road, has made an important contribution to the exchanges between the Eastern and Western civilizations and the interactions and cooperation between various nations and cultures. This land has borne witness to a steady stream of envoys, caravans, travelers, scholars and artisans traveling between the East and the West. The exchanges and mutual learning thus jointly promoted the progress of human civilization."[1]

"[C]ountries of different races, beliefs and cultural backgrounds are fully able to share peace and development. This is the valuable inspiration we have drawn from the ancient Silk Road," and "[t]o forge closer economic ties, deepen cooperation and expand development space in the Eurasian region, we should take an innovative approach and jointly build an economic belt along the Silk Road." [2]

With caring, vision and leadership, through the people of Kazakhstan in Astana, President Xi Jinping, for the first time, has made a declaration to the world that will rejuvenate the spirit of the ancient Silk Road.

On October 3, 2013, President Xi Jinping gave a speech titled "Work together to build a China-Asean community with a shared future "at the people's Representative Council of Indonesia, proposing to the world to build a 21st Century Maritime Silk Road.

"Southeast Asia has since ancient times been an important hub along the ancient Maritime Silk Road. China will strengthen maritime cooperation with the ASEAN countries, and the China-ASEAN Maritime Cooperation Fund set up by the Chinese government should be used to develop maritime partnership in a joint effort to build the 'Maritime Silk Road' of the 21st century." And "[t]he two sides need to give full rein to our respective strengths to enhance diversity, harmony, inclusiveness and common progress in our region for the benefit of both our people and the people outside the region."[3]

---

[1]   *Xi Jinping: The Governance of China*. 1st ed., Foreign Languages Press, Beijing, October 2014, p.287.
[2]   Ibid, at 287.
[3]   *Xi Jinping: The Governance of China*. 1st ed., Foreign Languages Press, Beijing, October 2014, pp.293-295.

This initiative and the speech on September 7 both express the same idea and echo with each other, completing a grand vision of the "Silk Road Economic Belt" and the "21st Century Maritime Silk Road."

From Kazakhstan in the vast Eurasian hinterland to the beautiful scenery of Indonesia, President Xi Jinping's proposed "Silk Road Economic Belt" and "21st Century Maritime Silk Road" have attracted the attention of countries all over the world. From September 2013 to August 2016, President Xi visited 37 countries (18 in Asia, 9 in Europe, 3 in Africa, 4 in Latin America and 3 in Oceania), and fully elaborated on the overall framework and basic connotation of the "Belt and Road" initiative. The Silk Road spirit of peace and cooperation, openness and inclusiveness, mutual learning, and mutual benefit, combined with the idea that projects should be jointly built through consultation to meet the interests of all, dispels the haze of "de-globalization" and injects new kinetic energy into the sluggish growth of the world economy. Many countries have linked up their own economic development to the "Vision and proposed actions outlined on jointly building Silk Road Economic Belt and 21st- Century Maritime Silk Road" proposed by the Chinese government.

The "Belt and Road" initiative advocates policy coordination, facilities connectivity, unimpeded trade, financial integration, and people-to-people bond. With the emphasis on infrastructure build-up, economic and trade cooperation, industrial investment, energy resources development, financial support, people-to-people exchanges, ecological environmental protection, and marine cooperation, the initiative has set off a new momentum in investment, trade activity, technological innovation, and production capacity cooperation in the world. In 2016, China led the establishment of the Asian Infrastructure Investment Bank (AIIB), which was joined by 57 member states. As of Dec 19, 2018, the total number of members increased to 93, and 35 projects had been carried out in 13 countries. The Bangladesh Power Distribution System Upgrade Expansion Project, the Indonesia National Shanty Town Transformation Project, the Pakistan National Highway Project and the Tajikistan Dushanbe-Uzbekistan Border Road Improvement Project have received financial support from the AIIB. The idea of joint project implementation through consultation to meet the interests of all has since turned into reality .

The "Belt and Road" initiative has drawn strong and positive feedback from the international community. On November 17, 2016, the 71st session of the 193 members of the United Nations General Assembly unanimously endorsed the adoption of resolution A/71/9 to welcome the "Belt and Road" proposal, encouraging all of its member states to boost economic development of Afghanistan and the region through participation in the proposed project. In addition, it called on the international community to provide a safe and secure environment for the implementation of the initiative. On March 17, 2017, the United Nations Security Council unanimously adopted resolution NO. 2344, and called on the international community to rally assistance to Afghanistan, and strengthen regional economic cooperation through the "Belt and Road" strategy, etc. It also urged all parties to provide a safe and secured environment for carring out the program.

In January 2017, President Xi Jinping delivered a keynote speech at the United Nations Office at Geneva titled "Work Together to Build a Community of Shared Future for Mankind," comprehensively and systematically elucidated the fundamental idea of a community with a shared future for mankind, and proposed Chinese Solutions to global problems, which echoed enthusiastically in the international community and was widely welcomed and highly applauded by many countries, organizations and political parties. At its 34th meeting, on March 23, the United Nations Human Rights Council adopted two resolutions on "economic, social and cultural rights" and "the right to food," which clearly stated the need to "build a community with a shared future for mankind." This is the first time the concept of a community with a shared future for mankind has been incorporated into a UN Human Rights Council resolution, and it has become an important part of the international human rights discourse system.

The "Belt and Road" is not a solo play by China only, but a symphony played in concert with Asia, Europe, Africa and countries around the world. China abides by the purposes and principles of the UN Charter, advocates openness and cooperation, espouses harmony and inclusiveness, supports policy coordination, fosters political mutual trust, builds consensus on cooperation, coordinates development strategies and promotes trade facilitation and the institutional mechanisms of multilateral cooperation. China has joined hands with more than 100 countries and regions to co- create a new Eurasian continental bridge. This has been accomplished by taking advantage of international transport routes that are supportive of the central cities along the "Belt and Road", and building key economic and trade industrial parks as a platform for cooperation. China-Mongolia-Russia, China-Central Asia-West Asia, China-Pakistan, Bangladesh-China-India-Myanmar, China-Indochina Peninsula and other international economic cooperation corridors are progressing smoothly. China Railway Express accentuates trade and shipping overland between China and Europe with a bright future. Meanwhile, key sea ports also serve as the nodes to jointly build a smooth, safe and efficient transportation network, and hence enables a close connection between land and sea routes. Together with the overland cargo train transportation, the frequent cargo ships sailing on the Pacific, Indian and Atlantic Oceans poses an amazing picture. In summary, the relevant resolutions and documents of the Asia-Pacific Economic Cooperation, the Asia-Europe Meeting, and the Greater Mekong Subregion Economic Cooperation program all embody the "Belt and Road" initiative. By bringing together the world's wealth, Silk Road Fund, development finance, and supply chain finance strive to build a green, healthy, intelligent and peaceful Silk Road, and enhance the well-being of people around the globe.

The "Belt and Road" is a grand blueprint that has never been seen in human history. It is also a warm heart line that connects Asia, Africa and Europe to countries around the world. The Silk Road Economic Belt includes China via Central Asia, Russia to Europe (Baltic Sea), China via Central Asia, West Asia to the Persian Gulf, the Mediterranean Sea, China to Southeast Asia, South Asia, and the Indian Ocean; the 21st Century Maritime Silk Road includes from China's coastal ports to the South China Sea as well as the Indian Ocean that extends to Europe and the South Pacific. Friendly exchanges among countries are just a camel-ride and a boat trip away from each other.

In this new era and the great course of renovating the spirit of the ancient Silk Road, President Xi Jinping dedicated to cherish the pioneers of the Silk Road and particularly pay tribute to the founders of the spirit of the ancient Silk Road:

"In ancient times, our ancestors struggled through deserts and sailed in boundless seas to transport Chinese products to countries overseas, taking a lead in international friendly contact. Along that path, Kan Ying,

Zheng He and Ibn Battuta were all known as envoys of this China-Arab friendship. Through the Silk Road, Chinese inventions like paper-making, gunpowder, printing and the magnetic compass were spread to Europe, and Arabic conceptions like astronomy, the calendar and medicine were introduced to China.

For hundreds of years, the spirit that the Silk Road bears, namely, peace and cooperation, openness and inclusiveness, mutual learning, mutual benefits and win-win results, has lived on through generations."[1]

There is a Chinese saying that when you drink the water, think of those who dug the well. The implication that the Chinese people never forget history is clearly demonstrated in our excellent cultural tradition of commemorating the sages and at the same time looking forward to the future. It also points out the direction and path for the Chinese Biographical Literature Society to participate in the "Belt and Road" initiative.

On the ancient Silk Road, we have never forgotten Zhang Qian's diplomatic missions to the western regions in Han Dynasty that include Kazakhstan, the good neighbor Pakistan with high mountains and beautiful rivers, acrossing Eurasia country Russia, grassland country Mongolia, Himalaya floating paradise Nepal, Bodhi Ganges blessed country India, cultural treasure Iran, the first Codex System member country Iraq, Red Sea gateway Yemen, oil kingdom Saudi Arabia, the Persian Gulf pearl Bahrain, cedar country Lebanon, Gulf Star Kuwait, desert peak UAE, the Peninsula pearl Qatar,and Oman - the gatekeeper

---

[1] Xi Jinping: "Promoting the Silk Road Spirit and Deepening China-Arab Cooperation." Key note speech at the opening ceremony of the 6th Ministerial Meeting of the China-Arab States Cooperation Forum, June 6, 2014, People's Daily, section one.

of Hormuz Strait, thousand-lake country Belarus, Turkey at the Eurasian crossroads, Israel - a land flowing with milk and honey, Ukraine of European granary, Italy - the cultural pinnacle of Apennines, Switzerland on the top of Europe, rose country Bulgaria, and Germany, a nation famous for great thinkers, France, the center of the European culture, the welcoming and comfortable Belgium, tulip country Netherlands, the warm and sunny Spain, as well as the elegant England, pyramid country Egypt in North Africa, Ethiopia on the roof of Africa, the Vanilla Capital country Madagascar, and so on.

Along the Maritime Silk Road, we will come across Malaysia, the country of rubber, garden country Singapore, the Thousand Islands country Philippine, and Indonesia, an emerald on the equator line. Down the Lancang-Mekong River all the way south, we will experience Vietnam whose land moistened by the Lancang-Mekong River, Thailand, the country of thousand Buddhas, the smiling country of Khmer Cambodia, and Laos, the "Land of a Million Elephants." On the Indian Ocean, we will also see the ocean pearl Sri Lanka, the ocean star and key Mauritius, the rich and abundant Brunei, the freedom seeker East Timor, the idyllic Maldives, and Australia, a country on the back of the sheep, New Zealand, the back garden of God, and so on.

In the countries along the Belt and Road, those ancient and modern figures who have influenced human and social development, the destiny of countries and nations for thousands of years, and have had dealings with China are still seen in today's textbooks, movies and television dramas. Their influence and charm are still felt by generations of young people.

Certainly, for the Chinese people, we are more familiar with the pioneers of the Silk Road. Have we ever remembered? Among the trail blazers of the Silk Road were Emperor Wu of Han Dynasty and his envoys, Emperor Li Shimin, the co-founder of the Tang Dynasty that epitomized a golden age and his subjects, the Song imperial court and numerous sages who continued good-neighbor practice and friendly maritime navigation, as well as the Yuan Dynasty warriors who led armored cavalry with shining spears, the Ming Dynasty figures who unified the country, and the Qing Dynasty characters who maintained a clear mind during global turmoil, as well as the modern individuals who, by learning from both the west and the east in a time of rapid change, had the courage to build a sea power nation. There were also the guardians of Dunhuang Mogao Grottoes known as the Silk Road Pearl, the generals who safeguarded the country and helped the neighbors, and the diplomats who convey information and messages between China and foreign countries. Without a doubt, it is our current era that features true heroes. We can not praise highly enough the contemporary people who have been plunging themselves into the development of the new Silk Road.

Hard work pays off, family line continues, wisdom passes on, and history pushes forward! The history of friendly exchanges for more than 2,100 years has never ceased, and traffic between China and the West, which benefits the three continents, has been nonstop. The "Chinese Dream" and "World Dream" in the 21st century have become the chord of our time for humanity's shared future, resounding on the "Belt and Road." For this reason, in May 2017, Beijing welcomed thousands of leaders from all walks of life, including heads of government, former eminent statesmen, well-known entrepreneurs, distinguished experts and scholars from the "Belt and Road" countries, as well as leaders of international organizations to attend the first "Belt and Road" Forum for International Cooperation. This grand event of "Thousands of people's meeting" shared "solidarity, mutual trust, equality, inclusiveness, mutual learning and win-win cooperation"[1] and exchanged views on this "great undertaking benefiting of the people of all countries along the route."[2] This is a big day that should be remembered in the history of the Chinese nation and the world.

In the implementation of the "Belt and Road" initiative, the Chinese Biographical Literature Society that devotes to biography writing, takes as its the mission "telling the good stories" of the "Belt and Road," which is also the responsibility entrusted to us by the state.

Under the leadership of the China Federation of Literary and Art Circles and the guidance of the National Global Strategic Think Tank of the Chinese Academy of Social Sciences, the Chinese Biographical Literature Society, with its love for the family and the nation, a keen spirit of the age and the responsibility of writing decent biographies, by careful research, thorough planning and thoughtful organization, made an unwavering decision to devote itself to organizing and publishing the "The Legend of the People along the Belt and Road nations." These brilliant volumes of biographies tell the stories of nearly a thousand national characters, involving laborious work from hundreds of expert writers who had been writing day and night over last year. Our gratitude extends to China International Chamber of Commerce for the Private Sector for their sponsorship, and Contemporary World Publishing House Co., Ltd., a central state cultural enterprise, for the publication distribution. Thanks to their generosity and effort, readers now have the opportunity to

---

[1] Xi Jinping: "Promote Friendship between Our People and Work Together to Build a Bright Future." Keynote speech at Nazarbayev University in Kazarkhstan, September 7, 2013.
[2] Ibid.

read the vivid yet serious and interesting yet enlightened biographies of outstanding people from many nations.

Confucius said, "Benevolence is the characteristic element of humanity." Let the brilliant ideas of the wise men of all nations light up our path to explore the future of mankind.

The biographies are written for high ideals. Herein is the introduction.

President of the Chinese Biographical Literature Society
Director of the Editorial Board of
"The Legend of the People along the 'Belt and Road'"
Dr. Wang Li
March 30, 2019

目 录

引 言　　　　　　　　　　001

Chapter 01

蒙古国现代诗歌之父
——达希道尔金·纳楚克道尔基 009

01 破落的"台基"后裔　　012
02 重情男儿　　018
03 浪里淘金的长诗——《我的祖国》021

Chapter 02

蒙古国现代文学奠基人
——策·达木丁苏荣　　029

01 艰苦求学　　032
02 文学创作之路　　035
03 坎坷人生，杰出贡献　　043

Chapter 03 从蒙古国实际出发的革命家
——达希·丹巴 047

01 与鹰结缘的小丹巴　　049
02 加入革命洪流　　053
03 大力争取中国援助　　055

Chapter 04 首任蒙古国总统
——彭萨勒玛·奥其尔巴特 061

01 梅花香自苦寒来　　064
02 "我经历了改革的全过程"　　068
03 转型时期的首位总统　　071
04 恢复和推动中蒙关系正常化　　077

Chapter 05 东方之子
——那楚克·巴嘎班迪 081

01 三次留学苏联，亲历两个时代　　083
02 临危受命 重新执政　　085
03 致力于建设发展　　088
04 "为了人的美好"　　092

Chapter 06 草原的清香
——森道哈达　　097

01 不凡的文学世家　　100
02 璀璨的诗歌道路　　103
03 杰出的草原诗人　　110

Chapter 07 突破零的英雄
——奈丹·图布辛巴亚　　121

01 从"小小牧郎"到"柔道种子选手"　　123
02 "小怪兽"爆发，成功摘金　　128
03 卫冕 未冕　　133
04 因为爱依然前行　　136

Chapter 08 美女歌后
——斯日其玛　　141

01 执着于梦想的音乐之路　　143
02 以民族之魂为谱　　147
03 因为心中有爱　　150
04 传递爱的使者　　159

后　记　　163

Contents

Introduction / 001

Founding Father of Modern Mongolian Poetry: Borjgin Dashdorjiin Natsagdorj / 009
Founder of Modern Mongolian Literature: Tsendiin Damdinsüren / 029
Pragmatic Mongolian Revolutionary Leader: Dashiin Damba / 047
First President of Mongolia: Punsalmaagiin Ochirbat / 061
Star of the East: Natsagiin Bagabandi / 081
"Sweet Smell of Grass": Hadaa Sendoo / 097
Mongolian First Olympic Champion: Naidangiin Tüvshinbayar / 121
Queen of Mongolian Pop Music: Sambuugiin Serchmaa / 143

Afterword / 163

引　言

　　蒙古国国名意为"永恒之火"。国旗为长方形，是以一块蓝色和两块红色为背景，图案是火焰，红色象征欢乐和胜利，蓝色象征忠于祖国。左侧黄色图案是民族自由和独立的象征，火、日、月表示人民世代兴隆，三角形和长方形象征人民的智慧、正直、忠于职责，阴阳图案象征和谐。蒙古人热情好客，哈达是蒙古族日常行礼中不可缺少的。献哈达是蒙古族牧民使用的礼节。献哈达时，主人张开双手捧着哈达，吟唱吉祥如意的祝词，同时将哈达的折叠口向着接受哈达的宾客。宾客这时要起身面向献哈达者，聚精会神地听祝词和接受敬酒。接受哈达时，宾客应微向前躬身，献哈达者将哈达挂于宾客颈上。宾客应双手合掌于胸前，向献哈达者表示诚挚的谢意。

　　蒙古国素有"畜牧业王国"之称，畜牧业是传统产业，是其国民经济基础，也是其加工业和生活必需品的主要原料来源。蒙古国的畜牧业产值占农牧业总产值的80%，占出口收入的 10%。据蒙古国国家统计局的初步统计，2016 年蒙古国牲畜数量为 6150 万头，较上年增长 9.9%，达到有记录以来的历史新高。蒙古国的粮食长期不能自给，2005 年，蒙古国全国小麦产量仅为 7.5 万吨，面粉和大米主要从中国和俄罗斯进口。为实现粮食自给，蒙古国政府于 2008 年开始实行"第三个垦荒计划"。在该计划的推动下，之后蒙古国连续四年实现粮食增产，2010 年粮食产量创近年新高：共收获小麦 35 万吨，土豆 15.61 万吨，小麦和土豆首次实现自给。其后，粮食不但基本实现自给，还可以出口。2017 年 2 月，蒙古国家食品安全委员召开会议，决定蒙古国 2017 年出口牛肉 3.8 万吨、马肉 2 万吨、小麦面粉 1.5 万吨、小麦 1 万吨，绵羊和山羊肉出口规模不设上限；并计划进口牛肉 500 吨、奶粉 4240 吨、小麦种子 1 万吨，同时将不再进口液态奶。

　　蒙古国矿产资源丰富，目前已发现和探明的就有铜、钼、金、银、铀、铅、稀土、铁、萤石、磷、煤、石油等 80 多种矿产资源，其中工业生产必备的铜储量丰富，且品位高。蒙古国东部的褐煤、南部的炼焦煤都具有很高的开采价值和发展前景。就连石油资源也十分丰富，与中国接壤的东、南、西部地区的 13 个石油盆地中的石油质量较好。蒙古国同时还是世界上萤石储量最为丰富的国家。21 世纪以来，采矿业成为蒙古国的支柱产业，其产值占到蒙古国民生产总值的近

30%，出口额占蒙古国外贸出口总额的80%以上，矿产出口占蒙古国的收入的90%。由畜牧业国家成功转型为矿业大国后，蒙古国的经济增长率长期保持在两位数以上，一度被外界视为"东亚明日之星"。近年来，由于大宗商品价格大跌、外国直接投资大幅下降，拥有丰富矿产资源的蒙古国的经济遭受了沉重打击，GDP年增长率由2011年的17.3%降到2016年的0.4%。2016年，蒙古国人均GDP 3687美元，在世界排名第111位。2017年前三季度，按蒙古币计算，蒙古国经济同比增长5.8%；但按美元计算，蒙古国GDP折合81.54亿美元，则较上年同期的83.81亿美元下降2.7%。

关于蒙古国的外交政策，2015年9月29日，蒙古国总统额勒贝格道尔吉在第70届联合国大会上演讲时宣布，蒙古国将实行"永久中立政策"，并呼吁国际社会各方予以认可和支持。

从经贸关系上看，2015年蒙古国共与世界148个国家和地区开展贸易，实现贸易总额84.667亿美元，其中，出口完成46.695亿美元，进口完成37.972亿美元。从出口国别来看，蒙古国对中国、俄罗斯和英国的出口额，占出口总额的92.3%。其中，对中国出口占83.5%，对英国出口占7.2%，对俄罗斯出口占1.6%。从进口国别来看，蒙古国自中国进口占35.8%，自俄罗斯进口占26.9%，自日本进口占7.2%，自韩国进口占6.8%，自德国进口占3.3%，自美国进口占3.1%，从以上国家进口占进口总额的86.1%。

此外，据中国商务部统计，截至2015年年底，中国企业累计对蒙直接投资40.3亿美元，中国企业在蒙签订承包工程合同金额累计116.6亿美元，完成营业额70.7亿美元。

2014年8月，中国国家主席习近平访问蒙古国，并于8月21日和蒙古国总统额勒贝格道尔吉在乌兰巴托签署《中华人民共和国和蒙古国关于建立和发展全面战略伙伴关系的联合宣言》。

访问期间，中蒙两国领导人在亲切友好的气氛中就双边关系和共同关心的国际与地区问题广泛交换意见，达成多项重要共识。两国领导人决定，基于两国关系当前高度信任水平，本着进一步深化符合两国和两国人民共同利益的战略伙伴关系的共同愿望，从永做彼此信赖、负责任的好邻居、好伙伴、好朋友出发，将中蒙战略伙伴关系提升为中蒙全面战略伙伴关系。

2014年8月22日，习近平主席在蒙古国国家大呼拉尔议会上发表题为《守望相助，共创中蒙关系发展新时代》的重要演讲，话中蒙友好合作，谈中国周边外交，论亚洲国家相处之道，强调互尊互信、聚同化异、守望相助、合作共赢，共创中蒙关系发展新时代，共促亚洲稳定繁荣。

习近平在演讲中指出，中蒙是山水相连的友好邻邦，同为亚洲地区的重要国家。当前，中国人民正在致力于实现"两个一百年"的奋斗目标，蒙古国人民也正致力于国家改革和经济社会发展。中蒙双方发展战略完全可以进行有效对接，实现共同发展、共同繁荣。此次访问蒙古国期间，中蒙双方一致决定将中蒙关系提升为全面战略伙伴关系，标志着中蒙关系进入历史最好的发展时期。双方应该以此为契机，推动中蒙关系不断迈上更高台阶。

习近平强调，中蒙要做守望相助的好邻居。不论国际风云如何变幻，双方都要牢牢把握两国关系大方向，在重大核心利益和重大关切问题上相互予以坚定支持。中蒙要做互利共赢的好伙伴。中蒙地理相邻、经济互补，有许多合作机遇，必将给两国人民带来实实在在的利益。中蒙要做常来常往的好朋友，进一步活跃人员往来，营造更加有利的社会氛围。

习近平强调，"好邻居金不换"。中国是世界上邻国最多的国家，中国把这当作宝贵财富。中国始终把包括蒙古国在内的周边邻国视作促进共同发展的合作伙伴、维护和平稳定的真诚朋友。中蒙友好已经植根于两国人民心中，这是中蒙关系发展的最大的信心和动力源泉。相信在两国人民支持下，中蒙关系的明天一定会更加美好。

蒙古国总统额勒贝格道尔吉表示，蒙方高度重视发展蒙中睦邻友好合作,这是蒙方外交政策的首要方针。两国建立全面战略伙伴关系标志着蒙中关系迈入历史最好时期。蒙方完全赞同习近平主席关于加强两国合作的意见。中方在两国合作中充分照顾蒙方利益,深受蒙古国人民欢迎。蒙方一贯支持中方立场,不支持任何分裂中国的势力及活动。蒙方希望同中方扩大双边贸易,加强农牧业、煤炭、电力等领域合作,感谢中方在过境运输方面给予的照顾和便利,愿积极参与中方提出的建设丝绸之路经济带的倡议,共同推进亚欧跨境铁路运输。蒙方支持两国人文交往,加深相互了解和友谊,愿意同中方在国际地区事务中保持密切沟通和协调,共同维护地区和平稳定。

蒙古国是一个有着广袤草原和奔放人民的高原国家。在"一带一路"倡议中,中蒙合作共赢,展现出光明的前景。本书将带大家了解这个国家优秀的草原儿女。

(1)达希·丹巴:1954年至1958年任蒙古人民革命党第一书记。主张从蒙古实际出发,认为苏联的经验也许只适应于苏联。在他任期内,中蒙关系良好。1955年,中国首批8200名工人赴蒙支援蒙古建设,其后增加到2万多人。

(2)彭萨勒玛·奥其尔巴特:蒙古国首任总统(1990—1997)。1990年5月应邀来华访问,这是自1962年以来中蒙历经较长冰冻期后,蒙古国最高领导人首次访华,标志着中蒙关系正式进入缓和的新时期。

（3）那楚克·巴嘎班迪：蒙古国第二任总统（1997—2005）。1996年，执政长达70多年的蒙古人民革命党首次在选举中败北，巴嘎班迪在次年2月当选为人民革命党主席，同年当选为总统，提升了该党的士气。

（4）达希道尔金·纳楚克道尔基：被誉为"蒙古国现代诗歌之父"和"蒙古国高尔基"，写下了壮丽的蒙古国长诗《我的祖国》。

（5）策·达木丁苏荣：蒙古国科学院院士，历任蒙古国科学委员会主席、蒙古国作家协会主席等职，创制西里尔蒙古文，代表作有《蒙古秘史》《乌巴什洪台吉传》《蒙古古代文学一百篇》等。

（6）森道哈达：21世纪最有影响力的蒙古国诗人和翻译家。其主要获奖奖项有：1999年，获雅典奥林匹克文化奖；2000年，获千年诗人奖；2006年，获国际最佳诗人奖；2009年，获蒙古国作家联盟最高奖；2014年，获意大利诺西特世界诗歌奖。

（7）奈丹·图布辛巴亚：2008年北京奥运会100公斤级男子柔道冠军，为蒙古国夺得了历史上首枚奥运会金牌。

（8）斯日其玛：蒙古国歌后。12岁时创作了《乐曲》，同年荣获蒙古国儿童歌曲大赛金奖，16岁组建"四女"组合，先后在中国、日本、美国、韩国、俄罗斯、英国等国演出并成功举办了个人演唱会。1999年获上海国际演唱会优秀奖；2002年获得蒙古国金话筒杯歌手大赛金奖；2003年获俄罗斯新春音乐会最高奖——金星奖。代表作有《心之寻》《梦中的母亲》《希望你想念我》等。

蒙古国不是传说，让我们通过了解这些杰出人物，一起走近这个神秘的国度。

Chapter 01

蒙古国现代诗歌之父

——达希道尔金·纳楚克道尔基

蒙古现代诗歌之父
达希道尔金·纳楚克道尔基
一九三一年六月 嵩洲浩画

《我的祖国》

从匈奴起到列代祖先居住的土地

是蓝色蒙古崛起兴盛的故乡

世世代代劳动生息的草原

是新蒙古红旗漫卷的广场

这就是美丽的蒙古

我亲爱的祖国

这是蒙古国诗人达希道尔金·纳楚克道尔基写的一首诗。

达希道尔金·纳楚克道尔基（Borjgin Dashdorjiin Natsagdorj，1906—1937），蒙古国诗人、作家，被誉为"蒙古国现代诗歌之父"和"蒙古国高尔基"。达希道尔金·纳楚克道尔基出生于土谢图汗部达尔汗亲王旗（今蒙古国中央省巴彦德勒格县），家族属于包儿吉金部落。达希道尔金·纳楚克道尔基历任蒙古军事委员会秘书、政府秘书、蒙古革命青年团中央少先队工作局局长、蒙古人民党中央委员会副委员、蒙古革命青年团中央委员会副委员长、蒙古人民革命党清查委员会成员。1925—1929年达希道尔金·纳楚克道尔基留学苏联和德国，1930年回国后在文史研究所从事历史研究并开始文学创作。其创作的诗歌收集在《达·纳楚克道尔基选集》中，共有102首，代表作有《我的祖国》、《少先队夏令营》和《少先队进行曲》(歌词)。他创作的歌剧《三座山》曾被改编为京剧上演。小说代表作有《旧时代的儿子》。他还撰写了历史专著《蒙古历史概论》。在翻译方面,他翻译了俄罗斯语和德语中有关蒙古国的书籍,并翻译过普希金和莫泊桑的作品。他的主要作品被译成包括中文在内的多种文字,在全球范围内出版。

01

破落的"台基"后裔

1906年的冬季,是一个寒冷的冬季,也是一个充满希望的冬季。在11月17日这一天,平凡普通却又注定一生精彩的达希道尔金·纳楚克道尔基出生在了今蒙古国中央省巴彦德勒格尔县(当时蒙古国尚未独立)。

1906年,大清帝国风雨飘摇,蒙古也是动荡不安,各种势力蠢蠢欲动。在外部势力方面,除了长期渗透外蒙古的沙俄帝国的影响越来越大之外,在1904年—1905年的日俄战争中获胜的日本也开始对这个"邻居"格外"热情"。面对复杂局势,动荡的时局使得纳楚克道尔基未来的人生道路充满艰辛和曲折。

纳楚克道尔基的父亲是蒙古的"台基"（又称台吉，汉语"太子"的转音，中国明清两代对蒙古贵族的称呼，共分四等，自一等至四等，相当于一品官至四品官）的后裔。纳楚克道尔基这个姓氏及其家族属于包儿吉金部落，在蒙古历史上是贵族家族，家族中既有达官贵人，权倾朝野；也有文人学士，填词作曲；更有塞上将军，马革裹尸。总而言之，这是个集荣光与辉煌的家族。不过，虽然是贵族世家，到了纳楚克道尔基父亲这一代已经家道中落，昔日"莫惜连船沽美酒，千金一掷买春芳"的生活不复存在，"五陵少年"走狗斗鸡的日子成了黄粱一梦，小纳楚克道尔基只是破落的贵族后裔。

　　"少年不识愁滋味"，小时候的纳楚克道尔基是名副其实的孩子王，每天天不亮，他便起床骑着骏马在大草原上无拘无束，和相识的玩伴们骑马赶着牛羊，银铃般的笑声是他们活泼开朗的见证；在牛羊悠闲地吃草饮水时，按捺不住童心的纳楚克道尔基便呼朋引伴地张弓搭箭四处打猎，陆地上马儿疾驰而过，蓝天上草原牧民的好帮手雄鹰俯瞰大地，敏锐的目光搜寻着猎物。每次打猎，小小年纪的纳楚克道尔基总是能够逮到兔子之类的小动物，他们便搭火烧烤，阵阵香味扑面而来，小孩子争先抢夺最美味的肉，引得大人们哈哈大笑，生活是那么美好。每当夜幕降临，草原上独有的牧草味道是那么新鲜，不远处偶尔飘来的花香是那么浓郁。小纳楚克道尔基躺在草地里看着人们围着篝火纵情欢乐，在这片绿色净土中享受夜的喧腾，母亲在一旁不时地拿过来刚刚做好的美味，他感觉到无比快乐！

不知道什么时候开始，母亲的身体一日不如一日，脸色暗黄无光、面容憔悴。起夜的时候，母亲总是在咳嗽，不得安睡。小纳楚克道尔基每每见此情景，总是十分焦急，半大的他便时时陪伴在母亲身边，亲自给母亲喂药，在母亲咳嗽的时候轻轻地拍打母亲瘦骨嶙峋的背，以求让母亲好受些。每当母亲病情加重的时候，他急得眼睛红红的，总是一个人在母亲看不见的地方哭泣。有时候帐篷外传来小伙伴玩耍或者策马奔腾时的银铃般笑声，他皱着眉头不愿去看去听，母亲总是轻声劝他："去吧，去玩会儿。"他说道："不了，我给阿妈端药去。"为了给母亲治病，家里尝试了各种办法，看了传统蒙医，吃了好不容易得来的中药，甚至用巫术除病，可是收效甚微。他想尽了他可以想到的一切办法，不管有用还是没用他都要去尝试。尽管小纳楚克道尔基用心伺候母亲，不幸的是，在那个寒冷的冬天，小纳楚克道尔基的母亲去世了，那年他只有 7 岁。

按照习俗，去世的亲人要实行天葬来祈求上天的庇佑。在送别母亲的那一刻，小纳楚克道尔基号啕大哭，凄惨的声音让人格外心疼。家道的败落、母亲的离世,这接踵而来的打击使得年幼的他一夜之间如同变了一个人,多少个不眠之夜,他站在蒙古包的门槛上,望着一望无际的草原,一片天地中安静得如同只有他一个人,偶尔传来的马头琴声也不再是愉悦欢快的而是那么沉重凄凉,似乎也在为小纳楚克道尔基的遭遇伤心。凛冽的寒风从草原吹来,他瘦小的身躯抵挡不住,一个喷嚏打了出来,他感觉到一种刺骨的寒冷。纳楚克道尔基在种种不幸的遭遇中长大,失去母亲更是让他快速地成熟起来。

俗话说知子莫如父,父亲看到纳楚克道尔基日复一日地消沉,于是准备送他去读书,或许换个环境会好很多。贵族出身的父亲深知在当时只有读书才能够考取功名进而改变命运,以重塑家族的辉煌,复兴家族的荣耀。于是父亲拜托至交好友教孩子读书,这是父亲能为儿子做的为数不多的事了。不久,纳楚克道尔基进入了父亲朋友家的私塾学习,那年他8岁。

阿拉坦格日勒是父亲的好友,这位和蔼的私塾先生对小纳楚克道尔基十分疼爱和重视,这也让小纳楚克道尔基立志更加努力学习。私塾中的生活是那么美好,放学后一些同龄的男孩子在一起比赛骑马、摔跤,孩童间总是充满了肆意玩闹的笑声,这让他又变得活泼起来。小小年纪的纳楚克道尔基与半大的小子比赛摔跤时总是胜少输多，但他从来不会气馁，在一次又一次的比赛中他慢慢地学会了用智慧和技巧去打败对手。这段成长经历让他在以后的革命生涯中从来不轻言放弃。

阿拉坦格日勒老师在教书时总是会即兴讲起曾经的蒙古和蒙古养育的风云儿女，如蒙古"四杰"——博尔忽、木华黎、博尔术和赤老温；驾着铁蹄驰骋过欧亚大陆的成吉思汗；东方最早研究古希腊数学家欧几里得《几何原本》的第一人——蒙哥汗；跨越千山万水东归的英雄——渥巴锡（清代卫拉特蒙古土尔扈特部首领）；巾帼不让须眉的女英雄——孝庄文太后（中国历史上有名的贤后，一生培养、辅佐中国清代顺治、康熙两代君主）。这一段段传奇故事让小纳楚克道尔基对蒙古族人的丰功伟绩惊叹不已，尤其是对"上帝惩罚之鞭"的主人，有着"全人类的帝王"之称的成吉思汗钦佩不已。成吉思汗统一蒙古部落，创建蒙古文字，军事上西征中亚和欧洲、南下印度和中国、北进西伯利亚，这一系列壮举让小纳楚克道尔基佩服得五体投地。每当阿拉坦格日勒老师讲起蒙古族的辉煌历史，小纳楚克道尔基与私塾中的孩子一样是那么向往与崇拜。小纳楚克道尔基暗下决心，要为蒙古人的历史再写辉煌。

私塾生活充实而短暂，在这几年的时间中，纳楚克道尔基学会了老师传授的知识，读过了蒙古壮丽辉煌的长诗，这为他日后的诗歌创作奠定了坚实的文学基础。同时，纳楚克道尔基跟随着恩师阿拉坦格日勒刻苦地学习传统蒙古文并在同辈中成绩卓越，仅仅两年，他便掌握了蒙古文，并能够用蒙文写简单的诗歌，赢得了老师的青睐。在老师的影响下，他开始写日记记录生活，这个习惯一直伴随着他，不论是求学生涯还是在革命年代中，他都一直不忘写日记。

在纳楚克道尔基 12 岁那年，他那接受过良好教育的父亲为了养家糊口，在当时的自治军事衙门兼职做抄写员，从小就对中国文化倾心的纳楚克道尔基终于找到了学习汉文化的机会，于是他找到父亲要求一起工作。纳楚克道尔基认为，这既可以赚取微薄的薪水补贴家用，又可以学习到汉文化，何乐而不为呢？由于当时的蒙古教育很落后，识字的人并不多，而纳楚克道尔基年纪轻轻就颇具才华，加上私塾的学习经历使他一写下自己的名字就被录用了。1917 年起，他开始在父亲身边做着助理文书工作，在短短不到两年的时间里，他便成为衙门里的正式文书，而且，聪明机智的他很快学会了汉语。在抄写文书的过程中，他对中国的诗词歌赋越来越痴迷。中国传统诗歌中的平仄押韵使他不仅爱上了这种起承转合的韵律，还对诗歌创作产生了兴趣，这对他以后的诗歌创作产生了很大的影响。在工作中每当遇到好词佳句时，他总会拿笔用蒙古文和汉文各自抄写下来对比着欣赏，日积月累，这些文字悄无声息地滋润着他的文学素养。他在这份工作中慢慢提升了自己的汉文化修养，在当时蒙古的社会名流和文人圈中小有名气。不少文学前辈对他格外欣赏，于是很用心地指导他。这个有着拳拳报国之心的少年快速成长，并在文学道路上扬帆起航。

02

重情男儿

纳楚克道尔基一生中有过两段短暂的婚姻。

第一任妻子是帕格玛杜拉姆。他的第一次婚姻是典型的封建家长式的包办婚姻，父亲不顾他的反抗，给他订了一门亲事，对方是当时的贵族后裔，在别人看来这对新人是郎才女貌，这门亲事是天作之合。然而，只有他感觉到了这种婚姻给他的压迫感，他是个接受过新式教育的人，追求着两情相悦，深信感情是婚姻幸福的基础。父亲的专制打碎了他对浪漫爱情和婚姻的憧憬。新婚那天的喜悦气氛让他倍感压抑，望着新婚妻子他没有丝毫幸福的感觉，只有无奈与无力。他默默地坐在床边，妻子望着他，两人相望竟无言以对。崭新的嫁衣衬托出妻子大家闺秀的端庄大方，也显示出美丽的容貌，烛光摇曳，红烛燃烧的声音噼噼啪啪地作响，妻子抓着新衣紧张地叫了一声他的名字，看着他轻声说道："我知道你不情愿，不过我与你已经是夫妻了，我会好好孝顺家里长辈，相夫教子……"还没说完，妻子便小声抽泣起来，纳楚克道尔基抬起妻子的脸颊，抹去妻子的泪水，将妻子抱在了怀中。在那一刻，他想起了父亲与母亲相濡以沫生活的点点滴滴。纳楚克道尔基接受了这段封建式的包办婚姻，他也想不出还有什么别的办法。婚后的生活是那么平淡，他与妻子相敬如宾，却又缺少夫妻之间的那种感觉，女儿成了他们之间为数不多的交流内容。

1925年至1926年，达希道尔金·纳楚克道尔基在苏联进修。归国后，又于1926年10月至1929年春赴德国留学。在德留学期间，他在莱比锡师从著名的东方学家海涅士学习东方学，同时兼修编辑、出版等课程。在德国的这段日子里，面对德国复杂的局势，他深度剖析了德国的发展和社会矛盾，还给同行的人解释当时的国际和德国政治形势、阶级斗争，提出了第二次世界大战的猜测，并且指出蒙古国将面临日本的侵略。他还组织当时在德国的留学生出版了期刊《学生杂志》。不幸的是，在左倾分子和苏联的联合打压之下，他被迫回国，并被以"有民族思想，同西方分子勾结，不关心政治"

的名义在 1930 年开除出党籍。

远渡异国他乡，在西方情调的熏陶下，纳楚克道尔基重新燃起了对爱情的渴望，他感觉到了一个人的孤单，渴求着爱情的滋润。在苏联学习时期，他结识了一个异国风情的女子，女子在他感觉到孤单的时候给了他母亲般的温暖。他陷入了爱情的狂热中，在苏联的那段日子里，他每天和恋人在列宁格勒的公园中散步，在黄昏的枫树下他们依偎在一起，谈论歌剧和文学，他们都是革命战士的儿女，并有着相同的爱好，兴趣相投的他们迅速陷入了爱河，不久，纳楚克道尔基回到蒙古，面对如同路人般陌生的妻子，已然知道了爱情滋味的他愧疚地提出了离婚，他的妻子平静地接受了他的决定。

离婚不久后，纳楚克道尔基便急切地前往苏联寻找那个女子，爱情让他们结婚了，婚后的生活很甜蜜。不幸的是，由于 20 世纪 30 年代波及蒙古国的苏联大清洗运动，纳楚克道尔基被逮捕入狱。170 天后他获释出狱，但是在 1936 年由于政治原因，他再次被捕，被当时执政的蒙古人民党判处强制劳动 5 个月。不久，妻子给他寄来一封信，信中写道她向法院提出了离婚，尽管她深爱着纳楚克道尔基，但是她受不了政治高压。这个突如其来的打击让纳楚克道尔基伤心欲绝，他在狱中痛苦万分，甚至想到了自杀。

第二次婚姻的失败对纳楚克道尔基来说无疑是巨大的打击。1937年7月17日，出狱后重获人身自由的他却没有战胜心中的苦闷，婚姻的失败与蒙受不白之冤的忐忑，使他怀着对前妻的爱在与前妻和女儿离别的痛苦中猝然离世。那时的他仅仅31岁，正值风华正茂的岁月，就英年早逝了。

03

浪里淘金的长诗——《我的祖国》

在政治上受到迫害后，狱中的纳楚克道尔基将事业的重心转移到了文化领域，他认为，"文学可以救治国民的心，唤醒人们心中隐藏的真性情"。他把自己定位为"文化播种者"。

但凡对草原热爱的人们总会知道那首长诗，也许人们不怎么熟知他的作者，但那首熟悉的诗歌总是会在大草原中回荡："从匈奴起到列代祖先居住的土地，是蓝色蒙古崛起兴盛的故乡；世世代代劳动生息的草原，是新蒙古红旗漫卷的广场；这就是美丽的蒙古，我亲爱的祖国……"没错，它就是达希道尔金·纳楚克道尔基写的，这首长诗也是蒙古国现代最有影响力的诗歌之一。在《我的祖国》中，纳楚克道尔基表达对了蒙古国的母亲河——色楞格河的热爱,对蒙古国的名山大川、辛勤的牧人,对蒙古国的美好的一切是那么向往和无比地热爱。他像一个孩子般肆意地表露他的情感。在这首诗中他追溯了蒙古的悠久历史,表达了对蒙古祖先的崇敬;他也在这首诗中反映了蒙古国人民抗击日本侵略者的决心。达希道尔金·纳楚克道尔基还有许多其他著名的诗歌包括《两个作家》《奇》《晚生的小羊羔》《与妻女离别》《盼》《冬夜》等。这些诗歌作品保持了与传统蒙古文学相似的形式,读起来朗朗上口。形式上的大众化与内容上的与时俱进都使这些作品在宣传蒙古国革命的发展,传播科学文化知识方面起到了重要的作用。

在蒙古国歌剧史上有名的《三座山》,也是纳楚克道尔基的戏剧代表作。它采用单一线索,以情动人,以极具蒙古民族特色的叙事形式,讲述了一对相爱的青年——男主角猎人云登和女主角南萨尔玛的凄凉爱情故事。他们在一场射猎比赛中相识,两人很快互表心意,但是这一对相爱的恋人遭到了官吏巴尔干的迫害。在蒙古国革命的前夕,官吏巴尔干仗势欺人,强行抢走青年猎人云登的未婚妻南萨尔玛。为了爱情,二人奋起反抗。云登为了夺回恋人,和巴尔干搏斗,卑鄙的巴尔干利用阴谋诡计使云登身受重伤;而南萨尔玛则不畏强暴,在一个雷电交加、下着倾盆大雨的夜晚,趁巴尔干不注意，把他杀死了。最终两人以双双殉情的方式来表达他们对爱情的忠贞不渝、对那些恶势力迫害的呐喊。这个剧本，何尝不是纳楚道尔基他自己心声的写照呢？两次婚姻的失败，给他的打击太大了。后来诗人策·达木丁苏荣在《三座山》剧本的基础上做了一次修改，将爱情故事与个人斗争改写为牧民群众和封建地主的斗争，并且把悲剧的结局改为团圆。

1955年，《三座山》被改编为京剧在北京演出。这出京剧得到了周恩来总理的鼓励，总理将这出颇受争议[1]的戏推荐给了毛泽东主席。毛主席在北京天桥剧场观看演出，在中场休息的时候，兴致勃勃地听了导演马彦祥汇报观众们各种不同的反应，当他说到有观众说《三座山》非驴非马、根本就不像京剧的时候，毛主席笑了，随后风趣地说："非驴非马，是个骡子不是也很好嘛！"再之后，《三座山》京剧由金戈改编，驼亚绘画成连环画，于2012年6月由朝花少年儿童出版社出版。

此外，纳楚克道尔基还写有小说《呼沁夫》。他在小说中塑造了一个叫呼沁夫的人物形象，面对当时反动的封建统治和压迫，呼沁夫麻木、愚昧，一味地顺从；在经历过革命

---

[1] 见陈岗龙：《达·纳楚克道尔基的<三座山>与京剧<三座山>的比较研究》。

洗礼之后的呼沁夫在革命战友的帮助下不断进步。呼沁夫的人性觉醒了，不再是一个懦弱屈从的封建奴才，而成为一个刚强、有血性的男子汉。曾有人这样评价纳楚克道尔基的《呼沁夫》——"它的前半部像极了《骆驼祥子》里那个行尸走肉的祥子，但它的后半部又超越了祥子，因为我们可以看到呼沁夫这种人所代表着的希望——即广大人民的希望。"

纳楚克道尔基一生都与文字和诗歌为伴，在欧洲的见闻和在苏联接受的革命洗礼让他对文学创作有了不一样的认识，他的文学作品中既有草原赋予他的广博，也有西方文学式的浪漫，还有红色基因的赤子之心。他将极具西方古典文学特色的技巧应用在小说和歌剧的创作中，例如欧·亨利式的结尾或莫泊桑式的意味深长。而在结构方面，纳楚克道尔基则更注重布局的合理性，表达上也以叙述为主。这种兼容并包的写作风格使其作品特色鲜明，引人入胜，往往令人爱不释手。这种新颖的风格为蒙古国新文学的发展开辟了新的方向。蒙古国文学与中国古诗赋予了青少年时期的纳楚克道尔基文学的灵魂，因此，他的作品总是入木三分地将蒙古国社会最典型的画面呈现于读者眼前。这对于保护和发展当时深受苏联影响的蒙古文化无疑有着重要的意义，可以说纳楚克道尔基挽救了具有蒙古血统的蒙古文化。

与之同时代的蒙古国作家相比，纳楚克道尔基对蒙古国现代文学作出了巨大的贡献。纳楚克道尔基年仅 31 岁的短暂生命像是为了诗歌而生,他留下了众多作品供后人鉴赏。其准确数量已无法确认,但存留至今的诗歌仍有 102 首。纳楚克道尔基的诗歌作品往往以短小精悍著称,他以诗人的独特视角,加之对文化的深刻理解和精准把握,使得他的作品真实地流露出本人的思想,可以说,能够读懂他的作品就可以读懂他的人。正因为如此,纳楚克道尔基的作品成了蒙古现代文学史上的一座里程碑,他引导着后辈们前行的路,是当之无愧的"蒙古国现代文学的奠基人"。

20 世纪 60 年代初至 90 年代初,蒙古国人民和蒙古国政府深深缅怀着这位蒙古国人民的儿子,两次为包括纳楚克道尔基在内的遭受迫害的人士平反,并对纳楚克道尔基的文学创作给予高度评价。人们举办各种活动怀念他,还特地设立了纳楚克道尔基文学奖,不少蒙古国文人将这个奖项作为自己一生致力于文学创作的追求。

在从事本民族的文学创作的同时,纳楚克道尔基也翻译过法国文学大家莫泊桑和俄国作家普希金的小说,并将卡尔·马克思的《资本论》(第一卷)翻译成蒙古文,促进了马克思主义在蒙古国的传播。

20 世纪正是西方的蒙古学研究兴盛的时期。也正是在这段时间内,纳楚克道尔基翻译了众多蒙古学的研究著作,成为这方面有名的学者，备受推崇。他不仅有自己的翻译团队，他本人还曾独立翻译或与他人合译了许多作品，例如马可·波罗的《在大汗的宫殿里》。在蒙古历史学和蒙古音韵学方面，他也是专家，著有《蒙古语的拉丁化法则》一书。他在论文《蒙古历史概要》中提出的关于对蒙古历史的分期思想的独特观点，被蒙古国历史学界承袭至今。他根据自己学习德语的经验，融合了各种语言学习理论，编写了蒙古人民共和国的第一本《德蒙词典》，其词汇量之丰富在当时足以令人震惊，是蒙古国人民当时学习德语的教材之一。他对成吉思汗统一蒙古之前的文字进行了走访研究，最终编写了《回鹘式蒙文字典》，该字典包含3300多个词条，其中专门对传统蒙古文进行了系统的分类，这对于传统蒙古文的正确书写、传承等起到了重要作用。纳楚克道尔基还参与了蒙古语言学名词术语词典、第一本蒙古语辞典的编写和出版工作。

对于国际关系，纳楚克道尔基也有深刻独到的见地。在当时蒙苏关系友好的大背景下，他大胆提出，"蒙古是蒙古人的蒙古，而不是苏联的蒙古；蒙古应当是自己的，而不是苏联的附属"。同时，他也认为蒙古国应该更加开放地与世界上其他国家友好往来。

达希道尔金·纳楚克道尔基虽然英年早逝，并且去世已久，但他值得被永远怀念。

2006年12月10日，由北京大学蒙古学研究中心、内蒙古大学蒙古学学院和北京大学东方文学研究中心联合主办，内蒙古自治区文学艺术界联合会、中国少数民族文学学会协办，胡日勒国际贸易（北京）有限公司独家赞助的"纪念蒙古国现代文学奠基人达·纳楚克道尔基诞辰100周年"的国际学术研讨会在北京大学隆重举行。蒙古国立大学的达·嘎拉巴特尔（d. galbaatar）教授、乌兰巴托大学校长白嘎拉赛汗（s. bayigalsayikhan）教授、蒙古三宝学院校长扎沁（ch. jachin）教授、蒙古国立大学毕·萨仁图雅（b. sarantuya）教授、蒙古国科学院的呼日勒巴特尔教授、蒙古国科学院的洛钦（s. lochin）教授及中、蒙、日等国的众多专家学者与诗人、作家分别进行了发言。他们从现代蒙古国思想文化历史的角度高度评价了纳楚克道尔基，其对当代蒙古国社会的影响和意义也得到了专家学者们认可。

一帆風順

蒙古国现代文学奠基人

——策·达木丁苏荣

蒙古国现代文学奠基人 策·达木丁苏荣

一九二三年六月 吴泽浩画

蒙古国现代文学发展至今已有近百年的历史。作为蒙古国现代文学的奠基人，策·达木丁苏荣为蒙古国现代文学的发展做出了卓越贡献。

策·达木丁苏荣（Tsendiin Damdinsüren，1908—1986），蒙古国作家、语言学家，也是文学史家、文学家、诗人、翻译家和历史学家、社会活动家。1924年参加蒙古国人民革命军，曾两度在苏联列宁格勒东方学研究所研究生院学习，先后获得文学副博士学位、博士学位。历任蒙古国革命青年团中央委员、蒙古国工会中央理事会主席、蒙古国《真理报》编辑、蒙古国科学委员会主席、蒙古国作家协会主席、蒙古国科学院语言文学研究所所长。1961年被选为蒙古国科学院院士，曾当选为蒙古国第一、二、三、四届大人民呼拉尔代表，1951年、1959年当选为大人民呼拉尔主席团成员。其学术研究成果主要在文学方面，被誉为当代蒙古国三大文豪之一，并创制西里尔蒙古文，代表作有《蒙古秘史》《乌巴什洪台吉传》《蒙古古代文学一百篇》等。

01
艰苦求学

1908年9月14日，在喀尔喀蒙古车臣汗部卫征贝子旗（今蒙古国东方省玛塔达汗敖拉苏木）的一个牧民家庭里，伴随着一声啼哭，策·达木丁苏荣出生了。谁也想不到这个牧民家的孩子，在他未来的生命旅程里，会为蒙古国现代文学的发展打下坚实的基础，给蒙古国人民留下宝贵的精神财富。

那时，教育条件非常落后，没有正规的学校，全民识字率仅有2%。由于出生在贫寒的牧民家庭，负担不起学费，幼年的达木丁苏荣连去当地唯一的世俗学校接受教育都是奢望。但是他的祖父仁钦道奈，父亲策丁以及他的哥哥都学过蒙古文字，对书本知识和文化教育颇为看重，因而家中收藏了很多文学典籍。在这种环境里，达木丁苏荣也受到了潜移默化的影响，他在厚重的蒙文里看到了不一样的世界。

虽然出生在贫寒的牧民家庭，但是达木丁苏荣对知识的渴望并没有因此被阻挡，反而激发了他浓厚的学习兴趣。达木丁苏荣幼年时便是一个坐得住的孩子，少有其他小孩子的爱哭爱闹，或许正是这种乖巧的性子使然，在大草原的曙光里，在碧草连天的余晖中，他捧着一本本略有些卷边的老书，度过了那些在之后造就了他一生荣光的岁月。

在达木丁苏荣尚且不足1岁之时，一日夜里，达木丁苏荣挨着母亲勉强地坐着，他父亲策丁做完活闲下来，借着昏暗不明的烛光，拿出一本册子看了起来。一旁坐着的达木丁苏荣被裹得圆圆的，软软糯糯像一团棉花球，那双圆溜溜的眼睛入神地盯着父亲手里的书。母亲见此情形，打趣地向他父亲笑道："莫不是这小娃对你手里的书有了兴趣？"父亲稍作迟疑，然后便笑出了声，"若真是这般，倒是不错"。说完就将达木丁苏荣抱过去放在他腿上，一手抚着小达木丁苏荣，一手拿着书看，低头读给达木丁苏荣听。达木丁苏荣像是也觉着有趣，跟着父亲嘤嘤呀呀，时不时地还要手舞足蹈。父亲有时不解地自问，他偶然间的出声倒像是应答一般，惹得父母开怀大笑。到达木丁苏荣3岁时，他父亲便正式教他学习，每日都要求他写一部分蒙古文字，时常还淘来小册子给他看。达木丁苏荣的哥哥比他长几岁，也在父亲的有意培养中比同龄人的眼界更为开阔，有时哥哥也做起了达木丁苏荣的小老师。小老师对弟弟很是严厉，同样的错误犯第三次时就会拿出牧羊用的小鞭子佯装使大力要教训他，小鞭子却总是轻轻地落在达木丁苏荣伏案的小桌旁。阿妈见状，总是开心地笑着。

就是在这样的岁月里，达木丁苏荣在父母、哥哥的关心与爱护中成长起来。三四年过去，达木丁苏荣越来越不满足于父亲淘来的小册子，时而安静得不得了，时而又跟着伙伴们到处寻找乐子。一会儿风风火火地跑到山坡上，一会儿蹲着研究地上的老鼠洞，一会儿又追着牛羊四下乱跑，一天一天没个消停。父亲见此也觉得开心，儿子像个草原上的男儿，不只想着读书，也有一起能策马奔腾的伙伴，但是父亲并没有放松对他文化课的培养，仍会时不时地拿来家藏的那些文学名著给他看。达木丁苏荣看得很认真，有时遇到一个问题，还会与父亲讨论良久。对于一个八九岁的孩子来说，虽然这些书生涩难懂，让达木丁苏荣吃了不少苦头，却也让他更加专心致志地看书，若是心有所感，便随手写在自己的小本上。遇到疑惑之处，做下记录，然后向哥哥、父亲询问。往日的小伙伴再来约达木丁苏荣去玩，他开始有些犹豫。他总觉得书里的内容更吸引他。偶尔那么几次与大家一同玩乐，回家后就更想提笔写下对壮阔草原的心中所感。那片养育他的草原，给了他广博的胸怀，也给了他丰富的情感。在他童年的时候，蒙古包外总是吵吵闹闹的，小孩子们聚起来像一阵风，一会儿刮到这里，一会儿刮到那里，总也没有个消停的时候。达木丁苏荣更多的时候是坐在蒙古包外的毡垫上，认真地看着书，时不时地也会被小伙伴们逗乐了，说一会儿话，又开始津津有味地埋头读书。他没有因此显得格格不入，有时还会给孩子们讲讲书中有趣的故事，小孩子们都喜欢他，说他讲故事比阿妈讲的还好。有一次，邻居家的小弟弟在达木丁苏荣家里待了一整天，夜里都睡着了还嘟囔着说故事好听，让再讲一个。童年的达木丁苏荣在丰富自己的同时也变成了大家贫乏精神生活中最丰富多彩的一部分。这让他想要读更多的书，看更多的风景，把自己看到的听到的都写下来，讲给更多的人听。

好学的天性使然、良好的家庭文化环境、家人的鼓励以及童年时的经历，使达木丁苏荣不断丰富自己的精神世界，为他以后的文学创作打下了坚实的基础。

02

文学创作之路

1926年，策·达木丁苏荣被选为蒙古国革命青年团中央委员，并担任团中央机关刊物《蒙古革命青年》编辑的职务，后来相继还担任了蒙古国工会主席、《真理报》主编、作家协会主席等职。作为领导，他在岗位上工作出色，同时也锻炼出了优秀的管理能力。在担任《蒙古革命青年》编辑后，他组织建立了文学活动小组，由此开始系统地进行文学研究。1927年，达木丁苏荣写了短篇小说《故事四则》，尝试进行文学创作。

革命前，封建牧主凌驾于蒙古人民之上，进行残酷的剥削压迫。蒙古国革命取得胜利后，政权掌握在人民手中。然而在一段时期内，牧民这种受压迫、被剥削的局面并没有得到改变。牧民依然被残余的封建势力压得喘不过气，劳作十分辛苦却常常食不果腹。基于此，20年代末30年代初，蒙古国人民革命党制定了没收封建主财产的政策。一日，达木丁苏荣走在集市上，路过一户人家时，恰好遇见围着一圈人，走近一瞧，原来是一对牧民夫妇在请求他们曾经的雇主给他们一些口粮，他们家里已经揭不开锅了。夫妇俩佝偻着身子，瘦弱不堪。他们身上穿的满是补丁的皮袍，就像一张网，网住了他们对生活的希望，而唯一的救命稻草寄托在他们曾经且实际上仍是他们卖劳卖力的牧主身上。牧主对于牧民夫妇的同情一闪而过，看见围观的人越来越多，挥挥手便赶紧溜走了。看着生活在水深火热之中的人民，达木丁苏荣痛心不已，决心揭露这一丑陋的社会现实。

在这样的时代背景下，《受歧视的姑娘》（也译《被抛弃的姑娘》）应时而作，小说的主人公策伦姑娘从出生那一刻起便遭遇不幸，策伦的父母道林戈尔和苗达克本来期望能生下一个儿子，然后让主人包尔德收养自己的儿子，以此可以减轻沉重的家庭负担，生活也能稍微有点起色。在当时的蒙古，女人的地位极低，在贫穷落后的小游牧经济条件下，牧民们被紧紧地束缚在蒙古包里。在世人眼中，女人仅仅是男人的附属品，如同奴仆一般。可是这对苦命的夫妇生下来的策伦偏偏是个女孩，被主人收养的希望落空，策伦自然不受待见。道林戈尔管女儿叫"被抛弃的姑娘"，决心把她抚养成人。后来她慢慢长大，到8岁时，成为主任包尔德夫人的婢女，夏日放牧，寒冬看管牛犊和羊羔，终年劳作，衣不蔽体，食不果腹，挨打受骂更是常有之事。生活本来就已经不易，策伦的成长是痛苦的，而苦难并没有就此结束。1923年，人民政府虽已成立，但反对势力仍很嚣张。一个协理看上了策伦，便找策伦的家人谎称要为儿子娶亲，并想方设法制造谣言，迫使策伦落入了封建领主的魔掌。她长期遭受父子两人的蹂躏，策伦对于种种磨难，一直默默忍受，无力反抗，直到革命的春风吹拂到这个偏远狭小的地方，策伦终于看到希望，她勇敢地去追求自己向往的生活，开启了人生的新篇章。书中运用通俗易懂的群众化语言，生动地描写了贪婪凶恶的牧主包尔德、其狠毒的妻子台吉特、伪善的洛奉喇嘛等一系列人物，反映了当时封建主压迫下人民的劳苦生活，以及不甘于现状的人民为了推翻身上的大山，艰苦卓绝地进行斗争。

《受歧视的姑娘》可以说是一首革命的赞歌，达木丁苏荣以通俗的文字融合民间谚语，进行生动的描写，小说一经发表，深受蒙古人民的喜爱。这部中篇小说，体现了达木丁苏荣在文学创作上的巨大进步，同时奠定了他在蒙古现代文学中的地位。达木丁苏荣的学生、作家拉姆苏荣为了纪念他，在《我的老师，指引者》这一纪念文章中说到，在最初接受达木丁苏荣教导时，有幸阅读了达木丁苏荣的几篇文章，而在这里面，拉姆苏荣对小说《受歧视的姑娘》中描写的策伦姑娘印象深刻，看到策伦悲惨的遭遇，拉姆苏荣不自觉地掉下了眼泪，一滴一滴掉落在书上，从小孤苦伶仃的他，感觉策伦就是他的生活的写照，让他深受触动。

蒙古国人民革命党中央为了更有力地促进蒙古文学的研究与发展，把苏赫巴托俱乐部和蒙古革命青年团的文艺工作者合并组织到一起，成立了新的文学工作组，这是蒙古国最初的正式作家组织。策·达木丁苏荣因为其突出的文学成就，成为这个组织的领导人之一。1932年，策·达木丁苏荣转到蒙古科学委员会语言文学研究所工作，一年后到列宁格勒苏联科学院进修。策·达木丁苏荣的第二部巨著是1934年8月在列宁格勒涅瓦河畔写下的长诗《我的白发母亲》。

达木丁苏荣的童年生活虽然贫寒，但是他与家人关系极好。父亲的教诲、哥哥的疼爱还有母亲的关怀，都让达木丁苏荣收获了幸福的童年。母亲对他的关怀是他成长路上最温暖的回忆，不管是幼年时的刻苦求学，少年时为报效国家而参军，还是青年时因求学而远离故乡亲人，母亲纵有千万不舍与担心，依然如同暖阳一样温暖着儿子的探索之路。世界上最伟大的爱便是母亲的爱，母亲并没有渊博的知识，可是她教会了达木丁苏荣如何面对挫折，如何爱别人，如何温暖自己，她的一举一动都影响着达木丁苏荣对其生活的这个世界的感情。对于达木丁苏荣的理想追求，她或许会感到迷惑、不解，可是在行动上依然鼓励支持达木丁苏荣，无论在外面经历了什么，回到家，母亲就是达木丁苏荣最温暖的港湾；喝了母亲的油茶就有了力量继续前行。达木丁苏荣离家前往列宁格勒之时，母亲给他收拾行李，衣服上的一些褶子，都要反反复复弄平了，一会儿想起这件衣服要带上，那件袍子虽然有些旧了却很保暖也要带上，收拾了好一会儿整理出一大包行李。一会儿又想起儿子喜欢的那支笔也得带上；在路上怕是会饿的吧，一定要给他放几个饼。临走时，母亲和父亲站在蒙古包外与达木丁苏荣告别，母亲不停地叮嘱他，生怕忘记了交代哪件重要的事，怕他照顾不好自己。尽管达木丁苏荣经历过革命，参加过抗战，早就是一个成熟的男人，能照顾好自己的一切，但在母亲的心里，他永远都是孩子。望着达木丁苏荣远去的脚步、越来越遥远模糊的身影，母亲泪水盈满眼眶也不舍得转身。母亲的不舍，达木丁苏荣看在眼里，他不敢回头，他怕母亲那真切的目光灼伤自己，又或者自己的眼泪会让年迈的母亲心伤，于是他头也不回地一步一步远离了自己的故乡，离开了蒙古包里那牵挂着自己的亲人。

来到列宁格勒这个全新的地方，就像推开了一扇新世界的大门，带着对故土的牵挂和对亲人的思念，达木丁苏荣一个人艰难又执着地探索着这片新的天地。在列宁格勒的进修是辛苦的，短短的时间里，需要迅速进入学习状态，如同海绵一样，吸收着这个国家的优秀文化，达木丁苏荣每天精疲力尽，遇到不顺心的事情，也没有人可以倾诉，孤独感油然而生。走在匆匆的人流里，再也看不到日出时壮阔的草原，大风后碧蓝如洗的天空，暮色里蒙古包中飘着饭香的炊烟，还有牧民们悠扬的歌声。他是如此地怀念他的故乡、他的母亲。

站在涅瓦河畔，河水静静流淌，宽阔的河面却如故乡边上的小河，虽然只是一条小小的河，却滋润了那片土壤，养育了故乡的家人。家中的母亲此刻正在做些什么呢？她恐怕还在担心这远游的儿子吧！她那霜白的鬓角如今是否再也遮不住了？心头的千愁万绪，幻化为笔下的悠悠长诗。这首长诗是一封诗体书信，达木丁苏荣用情感丰富的笔触，以诗歌的形式给远方的母亲写了一封信。可是当时蒙古交通不发达，根本无法寄信，这首诗也只能暂时寄托自己的思念之情。诗人身处国外，担忧着亲爱的母亲，担心她太操劳了，担心她的身体不够硬朗，担心儿子不在身边的她是否一切都好。"我亲爱的白发母亲啊，儿子在国外，耳闻种种消息，目睹件件好事。我在这个地方，没有忧愁和烦恼，请慈母放宽心怀，不必为儿神伤。"想象着家中的母亲每天都盼望着自己的归来，昼夜都忧思满怀，有可口的饭菜、香甜的奶茶的时候都想着留给儿子，他写道："晨昏翘首盼望，昼夜愁绪满肠。睡则梦，梦儿来，醒则啼，啼儿去。有鲜美的饭菜，定要留在盘里。有清香的奶茶，必将留在壶中。"对于母亲的期盼，诗人愧然于心，可是他的身上还有责任，他希望能有一番作为。国家还没有强大，民族还在受苦，怎么能想着安心度日呢？于是诗中还写到："趁父亲在世时与人交际，乘良马在圈时游历各方，聚财不如积累知识，这都是我们圣贤的教诲啊。一个人在这个世上，难道可以一无所知地混日子？一个男子活在这个时代，难道可以守着家门过一辈子？"诗人作为男子，定要以建设祖国家园为己任，所以只能请求母亲原谅儿子不能在身边常伴了。

对这首长诗，诗人注入了丰富的情感，读者每每读它，都感同身受，诗中不见华丽的辞藻，有的只是骆驼、妇女、米饭、牛粪筐这些蒙古日常生活中的事物。这些事物在诗人的精心组织之下，无不表达着让人动容的真挚感情。《我的白发母亲》开启了蒙古诗歌的新时代，对蒙古文学的发展做出了巨大贡献。

策·达木丁苏荣一生创作丰富，据不完全统计，除了上述的短篇小说《故事四则》（1927），中篇小说《受歧视的姑娘》（1929），小说还包括《中国工人老刘》《聪明的小绵羊》，短篇小说《两个都是我儿子》、《苏莉变了》（1944）、《两个白色的东西》、《师徒》、《知识的顶峰》、《老太婆》、《小走马》、《愿望的故事》、《一只小耳朵的小母羊》、《乌勒吉特山的枣骝马》、《牧牛戈木布》、《三个说，一个做》（1955）、《鬼》（1964）、《手提箱》（1965）、《奇异的婚礼》（1965）、《路上遇到的事情》等。达木丁苏荣将深刻的思想和热忱的情感寓于生动的人物形象之中，创造性的想象极大地丰富了他的作品，使人物形象生动丰满，内容有趣而吸引人，同时于无形之中给人思想上的启示和情感上的熏陶。

达木丁苏荣的诗歌大多表现了蒙古的自然风光，保卫世界和平等主题，同时还提倡各国各民族的团结和睦发展，展现丰富的蒙古民族文化，描写富有表现力。他的作品，生动地反映了当时的社会生活；他的诗歌往往运用通俗的语言表达，读起来朗朗上口，深受蒙古人民的喜爱。他的诗歌主要有《建议》（1928）、《两岁的尔奥》（1935）、《我的白发母亲》（1934）、《少先队夏令营》（1936）、《出游》（1936）、《亚·谢·普希金》（1937）、《你那妩媚双眼》（1938）、《蒙古故乡》（1943）、《乔巴山元帅五十寿辰祝词》（1945）、《知识的巅峰》（1946）、《我们愿天下和平》（1949）、《献给伟大的中国人民》（1950）、《思念故乡》（1987）等。

03

坎坷人生，杰出贡献

策·达木丁苏荣的人生并非坦途，其简历表明，1950年，他出任蒙古国科学委员会主席，1951年，当选为大人民呼拉尔主席团成员。1953年，改任蒙古国作家协会主席。1955年，他不再担任作协主席，成为一名教授。但在1959年，他再次当选为大人民呼拉尔主席团成员，还担任了蒙古国科学院语言文学研究所所长。

达木丁苏荣的这种复杂经历，主要是因为他被当局指责发表了民族主义的反苏言论。蒙古国当局所说的民族主义，实际上是指对苏联控制蒙古国的政策持保留态度，捍卫蒙古国人民立场。受到处分时，达木丁苏荣内心十分彷徨，也感到生气愤懑。但是他认为他只是做了一个知识分子在国家社会中应该做的事情，他无法让自己选择沉默。有一个声音一直在呼唤他，作为一个有良心的文化人，就应该说出人民的心声；文人笔下的文字，理应成为国家和民族最坚硬的表达，这是文人的责任。受到处分之后，达木丁苏荣继续他的文学创作，丝毫没有动摇，相继还出版了《鬼》（1964）、《手提箱》（1965）、《奇异的婚礼》（1965）等作品。

1931年达木丁苏荣开始从事学术研究工作，作为《列宁主义问题》蒙文翻译的顾问，他已经深入研读了苏维埃文学和科学的很多书，第二年他被调到蒙古国科学委员会工作。为了进一步学习苏联文化和科学，1933年他被委派到苏联科学院学习，这为他以后的科学研究打下了基础。1934年，达木丁苏荣发表了《论发展蒙古语言的政策》，文中提出摈弃烦琐生涩的旧蒙文，提倡广泛推行新文字。旧蒙文往往词义晦涩，很多时候并不适用于表达，这对于文化的传播是极其不利的。他潜心研究他国语言文字，然后考虑蒙古自身文字的特点，为蒙古制定了一套新的字母表。达木丁苏荣参与编写《俄蒙词典》，同鲁布桑登德布合编了《俄蒙解释词典》，提出了改革旧蒙文的若干意见，以便新文字的推行。

20世纪50年代，策·达木丁苏荣专门对蒙古古代文学进行研究，发表了《蒙古文学作品的人民性》（1955）、《蒙古文学研究的历史》（1956）、《关于民间说书艺人桑达格的作品》（1957）等多篇论文。在这些研究的基础上，他撰写了《蒙古文学概论》（1957），系统地讲述了13世纪到16世纪的蒙古文学发展。1958年，他又出版了《要研究文化遗产》《智慧的钥匙集注》《满都海策臣传》《蒙古古代文学简论》等，提倡世界文化交流。1959年出版的《蒙古文学精品一百篇》，是达木丁苏荣的又一力作。他对列入的蒙古文学作品和翻译的作品，都做了详细的注解和分析，并提出自己的理解。此外，他研究了各个版本的《蒙古秘史》，并将其重新进行了编写，提出了新的论证和一些大胆的猜测，这对蒙古历史研究具有重大意义。达木丁苏荣在蒙古文学事业和科学研究中做出的重要贡献，使他三次获得了乔巴山奖金（蒙古人民共和国为奖励在经济和文化部门中取得突出成绩的人而设置的奖金，20世纪50年代后改名为"国家奖金"）。

策·达木丁苏荣是蒙古国文化革命的主将，他不但是伟大的文学家，而且是伟大的思想家和伟大的社会活动家。他在文化战线上，展现了蒙古民族最勇敢、最忠实、最热忱，也最朴实的一面,他就如同一面镜子,照射出一腔热血、向往发展进步的蒙古国人民的民族风貌。

  毛主席曾经称赞,在黑暗年代的中国,鲁迅的骨头是最硬的。其实达木丁苏荣又何尝不是蒙古国人民的脊梁呢?鲁迅善于用锋利、辛辣的语言,直击中国腐朽的一面,他的文字让苟活于世的人汗颜。而达木丁苏荣则采用群众化的语言真实地反映社会的面貌、人民的生活,用词生动准确,深受普通大众喜爱。文武双全的达木丁苏荣被蒙古国媒体誉为蒙古历史上最具有影响力的一百人之一。他丰富的人生经历和文学创作,都不只是他个人的,而是蒙古民族的宝贵财富。他深入研究蒙古文和古文学,为促进蒙古国语言文字的现代化和蒙古国现代文学的发展,做出了不可磨灭的贡献。

Chapter 03

从蒙古国实际出发的革命家

——达希·丹巴

从蒙古实际出发
达希·丹巴

达希·丹巴（Dashiin Damba，1908—1989），原译为德·达姆丹，蒙古国著名的政治家，1954年至1958年任蒙古国人民革命党中央委员会第一书记。达希·丹巴出生于今蒙古国布尔干省，1924年加入蒙古国革命青年同盟，1930年加入蒙古人民革命党。1932年，派送入蒙古国人民革命军，历任蒙古国人民革命军营、团、师政委。1938年任蒙古人民革命党南戈壁省省委书记，次年任蒙古国人民革命党中央委员会主席团成员、蒙古国人民革命党中央委员会书记，并兼任蒙古国人民革命党乌兰巴托市委员会书记。1943年成为蒙古国人民革命党中央政治局候补委员，1947年当选为政治局委员。1954年当选为蒙古国人民革命党第一书记。任第一书记期间，主张蒙古国的革命和建设应从蒙古国实际出发；认为苏联的经验也许只适应于苏联，并非能够适应蒙古国的环境条件。在他任期内，中蒙关系良好。

01

与鹰结缘的小丹巴

1908年3月29日，达希·丹巴出生在今蒙古国布尔干省的一个贫穷牧民家庭，小时候穿的都是用父亲的皮袄改小的袍子或者是邻居不要的旧衣服，他因此受到了很多同龄人的嘲笑。

家庭的窘境并没有阻挠父亲想让他念书的决心，为积攒孩子的学费，全家人省吃俭用。丹巴从小一直生活得很艰难。

一年冬天，丹巴仍旧穿着那一身破烂的衣服去上学。衣服已经看不出原本的颜色，并有很多补丁。在白雪皑皑的寒冷的冬天，这样的衣服显得人格外单薄。他在路上走着，刺骨的风穿过他单薄的衣裳，像冰凉的刀刺向他幼小身体的每一个部位。到学校以后，他看到和他一般大的同学都穿着厚厚的棉袄，面色红润，不由得心里难过。懂事的丹巴只是快速地走到座位上，不断地搓着手掌，想让自己尽快暖和起来。这时一位平时就喜欢欺负人的同学走过来，看到丹巴脸色发白、瑟瑟发抖的样子，哈哈大笑着连声说道："你们快来看呀，这里有一个乞丐，看看他都穿着什么，居然像一只落汤鸡一样在不停地发抖。"话音刚落，所有人的目光都聚集在冷得止不住发抖的丹巴身上，有人跟着笑了起来。面对大家的嘲笑，年幼的丹巴涨红了脸。他低下了头，什么也不说。从那以后，极少有人愿意跟这个"乞丐"说话和玩耍了，丹巴的性格也变得更加内向。

丹巴从小性格孤僻，同学们的不友好使得他更加不爱与别人说话。每当其他小朋友在兴高采烈地玩耍时，丹巴常常一个人悄悄溜走，来到远离喧闹的开阔地方，这里仿佛就是丹巴自己的小天堂。他靠在大石头上，拿着一本书，一连几个小时，专心致志地坐在那里读着。他常常就这样一个人度过了一个又一个阳光灿烂的日子，谁也不知道他的小脑袋里在想些什么。由于读书多，上课认真听讲，老师们都很喜欢勤奋的丹巴，经常夸赞他。

少年丹巴虽然贫穷，但他怀着一颗对世界的好奇之心和对人生的进取之心，热爱生活，善待他人，追求正义，勤于观察，善于思考。这些优良的习惯和品行伴随了丹巴一生。

在一个风和日丽的下午，蒙古的大草原绿油油的，景色十分宜人。年幼的小丹巴哼着小曲，在路过一片绿草地时，无意中看到草地上有一团黑灰色的东西在蠕动，小丹巴被吓得站在原地不敢动，远远地看着那团黑色的东西。1秒，2秒……突然，黑色的东西向上扑腾了一下，丹巴吓得往后退了一两步。又看见那团黑色的东西不动了，好奇的天性使他挪步凑上前去，看到一只小鹰躺在地上，同时还在缓缓地扇动着翅膀。丹巴这时才发现是小鹰的翅膀受了伤，不能飞翔了，只能躺在这片人烟稀少的草地上，等待它的是被活活饿死，或者被草原狼捕杀。想到这里，小丹巴不由地担心了起来，这么可爱的小鹰，难道要因为受伤就死掉吗？人受伤了可以去看医生，但是动物受伤了，只能可怜地等死吗？于是他偷偷地找到一处安全的地方，用枯草建了个小窝，打来一盆清水为小鹰清理干净伤口，还找了一些能治伤的草，揉碎了敷在小鹰的伤口上。然后他小心翼翼地将受伤的小鹰放置在刚建好的小窝里，又将自己的一件小袄覆在小窝上，防止夜晚气温过低，将小鹰冻伤。之后的日子里，小丹巴每天都跑到小窝旁边，观察着小鹰的一举一动，并且每次来时，都会悄悄带上一些自己平日吃饭时偷藏起来的肉，喂给小鹰吃。

在丹巴细心的照顾下，小鹰的伤势渐渐好转。对于丹巴而言，这满足了他内心对于生命的爱护。他经常聚精会神地趴在小鹰的窝旁边，仔细地观察着小鹰，看它尝试着一次又一次地扑闪翅膀起飞、腾空、掉落、再起飞，小小的丹巴内心觉得惊奇，动物原来有着这番坚持不懈、努力奋起的精神，即使翅膀受了伤，即使一次又一次失败了，也要再次尝试飞翔，始终不忘自己是只鹰，不忘天空的广阔。尽管丹巴心中对小鹰坚持飞翔，不愿意停留在这个地方接受自己的保护和施舍这个举动不是十分明白，但他知道大自然的奇妙之处，也明白在自然界，每个生物都有自己的生存之道。在之后的一段时间里，丹巴一直默默地关注着这只可爱的小鹰，看着它一日日长大，看着它从受伤不能动的状态慢慢康复成可以飞翔的鹰。哪怕一边爬一边挣扎，小鹰坚持要飞翔，仿佛重获新生的已然不是一只小鹰了，而是能够直击长空的雄鹰了。

终于有一天，这只鹰飞走了，丹巴既替它感到开心，又为自己失去了一位小伙伴而难过。但他明白万物平等，且都要遵守自然规律。而拥有一颗热爱观察、勤于思考的心，能让自己对自然、对生命、对人生、对自己有更深入的了解。而不断地思考和探求，也是丹巴之后在时代的大潮中，能够成为著名政治家的重要原因。

02 加入革命洪流

1924年，16岁的达希·丹巴满怀激情，加入了蒙古国当时的革命组织——蒙古国革命青年同盟（MYRL）。

在这个同盟里，有一群和丹巴一样心怀改变社会、改变劳苦大众命运的想法的盟友，丹巴变得开朗起来，很快和这些志同道合的同志打成了一片，并认识了很多朋友。他不再是从前那个被人嘲笑的"小乞丐"了，现在的他，是一位有学识、有进步思想的青年革命者。丹巴觉悟高、能力强，看问题目光敏锐，并且勤快肯干。不久，他以其卓越出众的才能和突出的成绩迅速地走上当地青年联盟的领导职位，先后在蒙古国革命青年联盟的县级、省级组织以及乌兰巴托市的委员会任书记。

有一次，大雪纷飞导致道路被封闭，积雪困住了丹巴所在的同盟军部队。为了让大家保持士气，丹巴指挥大家在院子的雪地里扫出一条通道，用积雪搭起了一个个角堡，挖出一条壕沟。当工事完工后，丹巴告诉大家，"我们可以分成两队，一队进攻，一对防守，在打雪战玩的时候还可以演习军事"。盟友们都兴高采烈地接受了他的建议，大家用雪球当作武器，时而进攻，时而防守，玩得十分开心。这场雪整整下了两天，这场作战游戏却持续了四天，后来不断地有人加入，一时间，丹巴的名字为大家所熟悉和传颂。

达希·丹巴的工作热情和领导能力，让他在1929年到1930年间成为在蒙古国首都乌兰巴托"意识形态战斗旅"的主要领导人。

达希·丹巴在1930年正式加入蒙古国人民革命党，1932年从乌兰巴托的党校毕业，随后被任命为蒙古国人民军的政治委员，从事人民军的政治宣传工作。1938年，他被选为蒙古国人民革命党南戈壁省省委书记。由于他工作勤恳、态度认真，很快就得到党的中央高层的广泛关注。经相关领导的推荐，1939年7月，他成为蒙古国人民革命党主席团成员、中央委员会书记，并兼任乌兰巴托市委员会书记。

03

大力争取中国援助

1939年，蒙古国人民革命党确立了以霍尔洛·乔巴山为首的党中央的领导。乔巴山曾坚决反对极左政策，认为过早实行畜牧业集体化、消灭私有制是不合时宜的。他任蒙古国最重要的部门畜牧农业部部长期间，蒙古国政府于1932年宣布违反自愿原则建立起来的集体牧场可以解散，统一牧民税收条件，取消军事税。这些政策调动了牧民的积极性，使畜牧业和国民经济得到迅速恢复和发展。另一方面，乔巴山在肃反问题上也曾犯了扩大化错误。在国家的革命和建设事业中，乔巴山受到苏联的影响，他于1940年3月主持召开蒙古国人民革命党十大会议，宣布蒙古国从民主主义阶段向社会主义阶段过渡，使蒙古国成为继苏联之后的世界上第二个社会主义国家。

在第二次世界大战期间，蒙古国对苏联军队进行援助。资料显示，1942年开始，蒙古国共向苏联捐助羊皮衣服3万件，食品600吨，现金10万美元，黄金300千克，坦克54辆，同时低价出售给苏联48.5万只马匹，另无偿赠送3.2万匹。

而丹巴正是组织这次援助的负责人之一。他有条不紊地组织支援，甚至为了规划可以最快到达的援助路线而经常彻夜不眠，所有人都在睡梦中，而他对着地图在一遍遍地思索着。大家都知道丹巴努力工作的精神和态度，不禁深深地敬佩他。不久以后，丹巴被授予苏联劳动红旗勋章。

1943年，达希·丹巴成为蒙古国人民革命党中央政治局候补委员，1947年12月在蒙古国人民革命党第十一次代表大会上当选为政治局委员。自1947年至1954年，丹巴担任蒙古国人民革命党中央委员会第二书记。1954年4月，他在蒙古国人民革命党中央委员会全会上取代尤睦佳·泽登巴尔担任蒙古国人民革命党中央委员会第一书记，1954年11月，在蒙古国人民革命党第12次代表大会上获得追认，成为蒙古国的最高领导人。

达希·丹巴深知，一个国家不能孤立地存在，也不能只依赖于一个强国生存。要想蒙古国发展起来，就必须与更多的国家交往。这件很自然合理的事情在当年的蒙古国做起来并不顺利。国内的一些思想顽固分子找到丹巴，很傲慢地说："我看你就像个叛徒，我们这么辛苦建立、守护的国家，为什么要打开大门跟不同的国家结交？要知道，不是所有国家都是善意的，他们未必会与我们做朋友，他们有可能侵略我们，占领我们的土地，殖民我们的百姓。"丹巴很礼貌地微笑着回答:"我们的国家如果想要在这个世界上长久立足,就必须要学会交朋友,朋友多了我们才有了支持和安全感。不管别的国家是否喜欢我们,我们都应主动伸出双手,与人结交,这不会损失什么。国家与国家之间的相处,其实和人与人之间的相处是一样的,在其他国家困难的时候我们主动帮助他们,他们自然会心怀感激,等到我们需要帮助的时候,他们自然也会帮助我们。"那些持有反对态度的人,面对这么平心静气的分析说理,反而不好意思了,只好怀着看笑话的态度等着丹巴撞了南墙再回来。

在丹巴的努力下,蒙古国在1955年与印度建立了正式外交关系,这是第一个承认了蒙古国独立的非社会主义国家。对于蒙古国来说,这是增加了其在国际舞台上的自信的一件大事。其后,在丹巴任第一书记的任期内,蒙古国又与缅甸、印度尼西亚等国家建立了外交关系。

在扩大对外交往方面,丹巴最为看重的是积极发展对华友好关系,大力争取中国对蒙古国的援助。

中蒙边界线全长4676千米,占中国陆地边界线的14.5%。能否建立睦邻友好的中蒙关系对于维持中国周边的稳定也至关重要。

1950年4月,曾任中共中央内蒙古分局宣传部部长的蒙古族人吉雅泰被任命为中华人民共和国首任驻蒙大使。临行前，周恩来总理叮嘱他："蒙古人民共和国是我们的近邻，又是兄弟国家。你们要谦虚谨慎，要同人家讲友好，要尊重人家的风俗习惯，遵守外事纪律……"到任后，当年还在任的蒙古国最高领导人乔巴山提出，蒙古国急需劳动力，希望中国帮助解决。中国政府回答说，此时动员工人出国还有困难，但日后一定会考虑。

1954年11月，中国国务院副总理乌兰夫率代表团访问蒙古国，周恩来指示外交部了解蒙方的困难以及我国可能给予的帮助。蒙古国提交了包括木匠、泥瓦匠、家具制造、厨师、裁缝、制靴、印染等近40个工种12 250名工人的清单。同年中国派出8200名工人，其后，援蒙中国工人又增加到两万余人。1940年，蒙古国还只有3500名工人，这时，中国派出2万中国工人支援蒙古国，可见援助力度很大。这些中国工人帮助蒙古国建学校、医院、疗养院、百货商店、专家招待所、火电厂、纺织厂、玻璃厂、造纸厂、砖瓦厂、蔬菜农场、养鸡场等，还修建了六座桥，帮助修复了一些古庙。今天蒙古国商品最齐全、最高档、最大的商场，就是那时的中国工人仿照北京王府井百货大楼修建的。并且，当时中国为了制造蒙古国提出的纺织设备，不惜动用紧缺的外汇到英国订购。

除了人力援助外，中国还向蒙古国提供资金援助。1956年8月，中蒙两国签订经济和技术援助协定，中国从1956

年至 1959 年,无偿援助蒙古国 1.6 亿卢布,这在当时的中国不是一个小数目。1957 年,湖南省的财政总收入仅 5.53 亿元人民币,总支出仅 3.22 亿元人民币。按当时的汇率,1.6 亿卢布已接近湖南省 1957 年的财政总收入。中国政府在财政紧缩状况下,仍然坚持支援蒙古国。

1956 年 9 月,蒙古国人民革命党中央委员会第一书记达希·丹巴前来中国访问,毛主席在北京会见了他,并与他讨论了中国对蒙古国的援助事项。

历史的长河依旧向前不止地流去,逝去的人悄然远去了,但达希·丹巴为人民所做的点点滴滴会永远留在人民心头,他的事业、他的功绩会被世人所了解和铭记。

首任蒙古国总统

——彭萨勒玛·奥其尔巴特

首任蒙古国总统
彭萨勒玛·奥其尔巴特

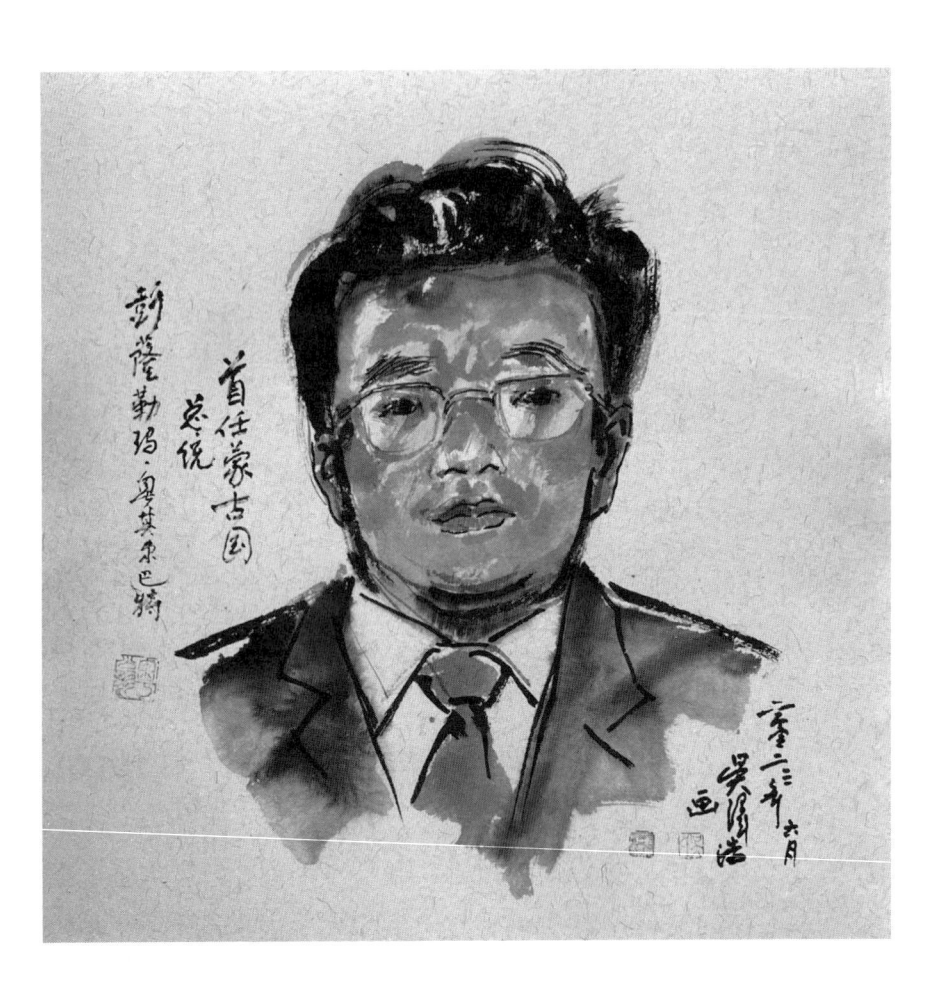

一九九三年六月 吴涛浩 画

彭萨勒玛·奥其尔巴特（Punsalmaagiin Ochirbat, 1942—），蒙古国首任总统（1990—1997）。他生于蒙古国扎布汗省一个普通的农民家庭，1965年毕业于苏联矿业学院，同年加入蒙古国人民革命党。历任沙林河煤矿总工程师，燃料、动力工业和地质部副部长、部长，国家对外经济联络委员会主席，对外经济联络和供应部部长等职。1990年3月至9月任蒙古大人民呼拉尔主席团主席。1990年9月至1997年之间就任总统。同时兼任武装力量总司令和国防委员会主席，成为蒙古国共产政权解体后首位领导人。在职期间，奉行对外开放的政策，倡导深化政治、经济改革，赞同实行多党制和自由选举制度，主张计划经济与市场经济相结合，鼓励外国投资；发展以国家所有制为主导，发展合作所有制、集体及个人所有制。任职期间，经历社会制度变革的蒙古国局势相对稳定。1990年5月，奥其尔巴特应邀来华访问，这是自1962年以来历经较长冰冻期后，蒙古国最高领导人首次访华，标志着中蒙关系正式进入缓和的新时期。

01

梅花香自苦寒来

窗外,大雪纷飞,远处的草场已经被白雪覆盖,只有枯黄的草微微地冒着尖儿。教室里几个学生零零散散地围着微弱的火炉坐着,老师漫不经心地讲着课,学生们自顾自地聊着天。突然,一个声音打破了老师的尴尬:"老师,你昨天讲的那个题目我没有听懂。"一个冻红了脸的孩子怯声地说。这孩子的衣衫格外单薄,一脸天真地看着老师,仿佛在看着自己的信仰和未来。他用僵硬得几乎握不住笔的手歪歪斜斜地记录着听课笔记,那股认真劲儿恨不得把老师讲解的东西都记下来。

古诗云,梅花香自苦寒来,艰苦的环境锻炼了人的毅力和恒心。当时没有人想得到,这个来自扎布汗省的一个单亲家庭的贫穷少年,竟在日后成了蒙古国的首任总统。

1942年1月23日,奥其尔巴特出生在一个普通的农民家庭,父亲耕作,母亲放牧,日子虽然清贫,但是一家人在一起也是其乐融融。然而上帝并没有眷顾这朴实的一家人。在奥其尔巴特5岁的那年冬天,父亲患上重病,家里的顶梁柱倒了，这对本来就不富裕的家庭来说几乎是致命的打击。寒冷的冬天，蒙古草原上只有几个蒙古包，无法放牧又急于用钱的母亲不得不到离家几里的地方做工来维持生计，一个月才能回家一次，带回杯水车薪的药钱，以及别人不要的旧书。也是在这个冬天，奥其尔巴特坐在火炉旁，陪着病重的父亲，天冷的时候也不敢把火盆烧得热热的，因为担心夏天时捡的牛粪太少了，烧不到来年春天。年仅5岁的他辛苦地操持着家务，洗衣做饭，照顾父亲，偶尔也翻看母亲带回来的书，还没上小学的他在书堆里找到了一本完整的连环画。这个冬天里，他不知道把这本书看了几遍，算是阴郁的生活里的一点点快乐吧。

次年春天，草原上的新草刚刚转绿。在一个阳光也终于变得温暖的一个生机勃勃的午后，奥其尔巴特病重半年的父亲拉着他的手永远地离开了人世。对于死亡，奥其尔巴特其实并不理解，但是他知道，他的父亲，曾让他骑坐在肩膀上，带他去远处的山里套黄羊的那个高大的身影从此消失在他的生活中了。他伏在母亲的怀里放声大哭，母亲抱着年幼的奥其尔巴特说："孩子，阿爸走了，去很远的地方了。以后只有我们两个人了。"母亲隐忍的哭泣和温热的眼泪让年幼的奥其尔巴特印象深刻。失去了父亲的他像个小男子汉，一脸认真地对母亲说："阿妈别哭，阿爸能干的我都能干。"从那以后，小小年纪的他就帮着母亲放牧，闲暇的时候就去学堂，偷偷地趴在窗户上听老师上课。从此奥其尔巴特展现出不凡的智慧。学堂的学生遇到做不出来的题目都常常来找奥其尔巴特解决，他不仅对数学有着天生的敏锐，对历史也很感兴趣，他总是认真地想象历史故事里讲的军事战略和地形战术场景，放牧的时候就用小石子模拟战场。人们总笑小时候的奥其尔巴特性格怪癖，不爱与人说话，而实际上，小奥其尔巴特一直沉迷于自己的世界。在他的世界里，他是拯救世界的英雄。小时候，总有大人爱问小孩，"你以后长大要做什么啊"？爱学习的孩子说"我要做科学家"，或者"我要当医生"，有些小男孩一脸天真地说"我要当宇航员"，而奥其尔巴特却认真地说"我要改变蒙古国"。

当时的蒙古国虽然独立已久，但动乱频频，民众生活苦不堪言。奥其尔巴特的家乡是一个与苏联接壤的高原山区，外出放牧的当地人常常碰到军阀，为了逃避被抓壮丁都只得舍下财物落荒而逃。有次傍晚，年幼的奥其尔巴特在赶着牛羊回家的路上也遇到了相同的危险，他几乎与军队迎面相撞，同行的孩子们吓得赶紧丢下牛羊向相反的方向跑去，年仅10岁的小奥其尔巴特却走上前表情淡定地应对着军官的问话，然而牧羊的小鞭子藏在背后抖个不停。当军官问到他为什么不像其他人一样逃走时，奥其尔巴特说他和母亲一整年的口粮都要用这些羊去换，所以他不能逃走。军官听了后眼神里有那么一瞬间的触动，在蒙古国，有许许多多这样的家庭，也有许许多多这样的孩子，便放他走了。

奥其尔巴特经历了幼年丧父，看到母亲为生活终日操劳，亲见蒙古国的动荡与落后，小小年纪的他心中很是感慨，总觉得即使是为了改变现有的生活，他也应该去努力地做些什么，自己甚至在心底暗下决心，以后他要做改变蒙古国的那个人，即使这个想法看起来那么遥不可及。

父亲去世后，母子两人的生活更加困苦。为了维持生计，母亲白天去工厂上班，晚上还要帮邻居做鞋垫才能勉强撑起这个家。好在，在母亲的日夜操持下，一家人的生活开始向好的方面发展，几年下来家里也积攒了一些钱，小奥其尔巴特终于也可以去读书了，这让他兴奋不已。几年的旁听经历加上他过人的天分，他将所有的知识都吸收得很好。在学校里，他奋发学习，很快就成了学生中的佼佼者。求学之路自此开始，成绩优秀的奥其尔巴特有机会去乌兰巴托上初中了，平时少言的母亲拿出了所有积蓄，温柔地告诉他，"出去上学吧，乌兰巴托的天空和这里不一样，出去经历经历大世面，你会有更好的成长"。于是，14岁的奥其尔巴特只身一人来到了乌兰巴托求学。他更加勤奋刻苦，凭借着自己的努力和奋斗，奥其尔巴特进入苏联高等矿业学院求学。1965年，

23岁的奥其尔巴特以第一名的优异成绩毕业后，毅然决然地拒绝了苏联老师挽留，回到了乌兰巴托，开始追寻他的梦想，并在同年加入了蒙古国人民革命党。

02
"我经历了改革的全过程"

1967年，25岁的奥其尔巴特被苏赫巴托省的沙林河煤矿任命为首席工程师，负责矿区的日常规划和管理，工作五年后，由于十分出色，奥其尔巴特又晋升为燃料、动力工业和地质部副部长。1980年，工作出色的奥其尔巴特在蒙古国人民革命党十七大上当选为中央委员，同年晋升为矿业和地质部部长。

1984年8月，蒙古国人民革命党召开中央非常全会，宣布解除泽登巴尔（1916—1991）的党中央总书记职务。同月，人民大呼拉尔也召开非常会议，解除泽登巴尔的呼拉尔主席团主席的职务。泽登巴尔被解职，标志着蒙古国改革的开始。2010年10月，奥其尔巴特在接受《凤凰周刊》采访时说："实际上我们的改革源于1984年，我们撤换了总书记泽登巴尔。他同时还是大呼拉尔主席团主席，我经历了改革的全过程。"

开始走上改革道路之后，奥其尔巴特于 1985 年出任蒙古国对外经济联络委员会主席，继而出任由该委员会改组而来的对外经济联络和供应部部长。担任这类职务，相当于具体负责蒙古国的对外开放。在此期间，奥其尔巴特走出苏联东欧社会主义阵营，前往发达国家考察。这在当时的蒙古国，是破天荒的。对此，奥其尔巴特在接受《凤凰周刊》采访时说："担任国家对外经济联络委员会主席、对外经济联络和供应部部长等职务后，我考察过很多国家，有英、美、法等西方发达国家，还有亚洲的发达国家日本。我感觉到，我们的国家必须改革，我们太落后了。"

1986 年 5 月蒙古国人民革命党召开十九大会议，通过第 8 个五年计划，并首次提出要进行经济改革。

1988 年底，蒙古国人民革命党第十九届五中全会主张要对政治经济体制实行全面改革。

在此过程中，奥其尔巴特成为蒙古国深化政治改革、经济改革的积极倡导者。

他就社会主义基本理论问题发表了见解，首次提出了"社会主义不是一成不变的，关于社会主义的理论和概念正在更新，社会主义没有统一模式，各国应根据自己的国情确定本国的政策"的想法，蒙古国人民革命党追求的"不是传统意义上的社会主义"，而是"人道的、民主的社会主义"。这一新提法引起了很多人的关注，但也引起了一片批评与反对之声。奥其尔巴特的言论被反对的人称作是抛弃社会主义、抛弃本心的表现，那些反对者称奥其尔巴特是在建立披着社会主义羊皮的资本主义，这是违反建国本心的行为，要被严厉打击的。奥其尔巴特坦然大方地回应，这次改革并不是要放弃社会主义，而是为了更好地建设社会主义。同样，在政治体制改革方面，他主张放弃一党制，实行多党制。

在经济改革方面，奥其尔巴特主张实行"计划经济同市场经济相结合"的政策，宣称"蒙古国即将转入由中央调节的有计划的市场经济"的实施阶段。在这个时期，"国家将会鼓励发展合营经济，鼓励外国商人在蒙古国投资"。他说方式不是问题，关键是要推动国家经济的发展。在所有制问题上，他主张尽快向多种所有制过渡，国家所有制、合作社所有制、集体所有制和私人所有制同时发展，不能放弃其中任何一个。但他同时也强调"国家所有制在国民经济结构中仍占有主导地位"，这是维持社会主义的根本。

这些富有创意的想法把奥其尔巴特推向了风口浪尖，任何新想法的提出势必有人赞同和有人反对。面对昔日挚友的怀疑和民众的不理解、不信任，奥其尔巴特也动摇过，但最终他凭着敏锐的政治嗅觉坚定了自己的想法。从后来蒙古国的发展来看，奥其尔巴特十分具有远见和魄力。

03

转型时期的首位总统

"东欧剧变""苏联解体"后蒙古国局势相对平和,但也不是风平浪静。

1989年12月10日,反对组织在首都乌兰巴托的苏赫巴托广场举行了第一次公开示威,200人参加了这一活动。一个星期后的12月17日,民主联盟在苏赫巴托广场又举行了一次集会,这次有2000多人参加了活动,是第一次的10倍。在这次集会上,民主联盟向政治局递交了一份请愿书,要求实行自由的多党选举与市场经济制度,并继续要求基本人权、政治公开与新闻自由等权利。

1990年4月,警察首次抓捕了抗议者,蒙古国民主联盟组织新的示威抗议,到4月底,集会的参与人数超过了4万人。

在这种背景下,奥其尔巴特于1990年3月21日当选为蒙古国大呼拉尔主席团主席。当选后,奥其尔巴特一再强调"蒙古不会放弃社会主义""现在蒙古还没有人要走资本主义,如果有的话,我们绝不允许"。同时,他主张对社会主义的概念要更新,必须要加强国家政治和社会生活中的民主建设，他认为"这同放弃社会主义不同"。与此同时，蒙古国人民革命党通过了新的党纲党章，确定了建设人道、民主的社会主义的目标；放弃了宪法规定的党的领导作用的条款，同意实行多党制；主张发展多种经济成分，实行国家调节的市场经济和对外开放的经济政策；强调蒙苏特殊关系，重视发展与中国的关系，宣布奉行不结盟政策。2010年10月，奥其尔巴特在接受《凤凰周刊》采访时说："当时的情况下，蒙古人民革命党已经觉悟到，必须启动民主化进程，的确有政治改革需要；另外，党内外民主势力的影响力很强，斗争很激烈，高层不让步不行。""你要知道，要求改革的运动当时不仅发生在乌兰巴托的苏赫巴托广场，还发生在全国各省各地区，所以蒙古国人民革命党只能顺应潮流。"

1990年7月，蒙古国人民革命党在蒙古历史上的首次自由选举中获胜。同年9月，代表蒙古国人民革命党的奥其尔巴特当选为蒙古国第一任总统。1991年9月，奥其尔巴特宣布退出蒙古国人民革命党，加入蒙古国民主党。

1992年，蒙古国通过新宪法，正式宣布放弃社会主义制度，接受多党制的政治体制。1993年6月，奥其尔巴特代表蒙古国民主党竞选总统，赢得了57.8%的选票，再次当选为总统，一直到1997年6月卸任。在两次大选中，奥其尔巴特作为两个不同政党的候选人，两次出任总统。他因此被称为"罕见人物"。

蒙古国的总统是虚位的国家元首,实权由政府总理掌握。但奥其尔巴特还是利用总统的职务为蒙古国的转型做了不少贡献。

奥其尔巴特提出,在社会生活中要贯彻稳定的法律准则,保障公民的自由,实行自己管理自己的民主制度,这要求政府不仅要确保宪法规定的有关公民政治、经济和文化等方面权利得以落实,而且要使这些法律条文国际化、标准化。同时他强调,各政党和政治性组织在为其阶级、阶层自身利益奋斗时,应时时刻刻以蒙古国人民的普遍利益为重,尊重人权,坚持与人民对话和政治协商,坚持一切以人民为中心、一切为了人民。为了更好地落实这些承诺,奥其尔巴特上任伊始,就着手调整政府结构,压缩政府部门的数量,减轻政府的财政压力,减少国家领导在经济管理上的指挥环节。同时,坚持以法治国,颁布了一系列维护社会治安的条例条令,严厉打击经济和刑事犯罪。奥其尔巴特还说,"在我任上,蒙古国开启了经济私有化进程,蒙古国人民可以自由赴国外旅游,我们还开辟了外商投资蒙古国的渠道,保障了新闻出版和言论自由。"

在总统任期内,奥其尔巴特严厉指责政府不履行社会福利义务,致使国内食物和能源短缺,并且高度通货膨胀,以往5元钱可以买到的面食，现在需要500元。

当反对党在1994年3月退出议会时，奥其尔巴特公开呼吁要保护小团体的权利，并且指责蒙古国人民革命党通过限制有关议会的新闻报道，只向媒体曝光自己的光彩面。他支持选举法改革，在1996年议会选举之前向各个地方开放选举权。在总统奥其尔巴特和反对党的催生下，1996年蒙古国通过选举法修正案，将26个复数选区改为72个单一选区，迫使反对党整合。结果在当年的选举中，由蒙古国民族民主党、社会民主党、绿党等结盟组成的民主联盟战胜了人民革命党，实现了蒙古国的第一次政党轮替。

奥其尔巴特主张发展全方位的外交关系，坚决反对关起门来说发展。他说："蒙古国今后将坚决奉行不结盟政策，在和平共处、平等合作、各国人民独立地选择发展道路、尊重主权的原则上同所有国家发展关系。"全方位对外政策的构想中有三个主要部分：一是改变过去仅局限在华约国家圈子里的做法，实行对外开放，重点发展与资本主义国家的经贸关系。打破这种局限可以帮助蒙古国缓解食物不足的压力，推动经济更快更好地发展。二是加强同亚太地区国家的关系，以积极的姿态力争在亚太地区，特别是东北亚地区扮演新的角色。三是全面发展与中、俄两国的关系，这是蒙古国对外政策的首要任务。

奥其尔巴特主张团结发展才能达到真正的发展，他拒绝在蒙古国运输和驻扎大规模毁灭性武器，并宣布蒙古国为无核区。这一决定引起了不少反对派的指责和批判，却在国际社会引起一片好评。1994年，奥其尔巴特亲自出访南亚和东南亚，与印度和老挝签署了合作协议，并且获得了泰国的经济援助来应对国内的食物短缺危机。蒙古国打开了与其他国家外交的大门，对自身的发展有着不容小觑的影响。而奥其尔巴特是第一位正式访问美国的蒙古国领导人，也是蒙古国30多年来第一位访问中国的高层领导人。

1997年卸任总统后，奥其尔巴特继续为蒙古国的发展工作。他成立了奥其尔巴特基金，这是一个非营利、非政府的组织，专注于扶贫、环境保护和教育。他希望通过这样的一种方式来帮助穷人。2000年，他成为蒙古国科技大学生态与可持续发展中心主任。2005年，他被任命为蒙古国宪法法院九名委员之一，并于2010年连任。这九名委员，是蒙古国效法美国最高法院"九名大法官"的制度设立的，是国家宪法解释、裁决的最高仲裁者，不管是总统、总理，还是政府及各政党有违反宪法行为时，委员均可进行监督指正。

蒙古国的转型过程中存在很多问题。奥其尔巴特2010年10月向《凤凰周刊》记者介绍说："改革前，全蒙古国只有8所高等院校，学生有15 000人，后来有了160多所高等院校，15.7万多名学生，我们的教育获得了长足进步。以前人均国内产值是600美元，现在已逐步达到近2000美元。以前国家单位才有小轿车，私人无权也无钱拥有，现在全国有30多万辆小车只有1%是国家的。现在40%的蒙古国人有了手机。我们以前只有5家报纸，现在已有300多家。"但另一方面，他也承认："过去国家的制度阻止了人们的致富之路，全国都很贫困。现在有些人很快致富了，但有些人仍然很贫穷，这就存在贫富分化问题。因为利益分化，导致人们在思维上也分化了，不再像过去铁板一块。"他还认为："我们国家有广阔的土地、丰富的资源，它是人们生存发展的来源，但是在这方面我们利用得不好。社会主义时期，我们有2300万头牲畜，现在有4000多万头，这是多么大的一种潜力。我国人口不到300万，土地有1亿5000万公顷，你把这三组数字对比一下，平均每人能分到多少牲畜、土地，在这种情况下，为什么人们还这样贫穷落后？我认为有个原因是，很多人不勤劳，还有一部分人的思维和行为未摆脱公有制时代的影响，具有依赖性。"

04
恢复和推动中蒙关系正常化

1990年5月,奥其尔巴特出任蒙古国大人民呼拉尔主席团主席不久之后,首先就访问了中国。这是自1959年人民革命党中央第一书记、部长会议主席泽登巴尔访问中国后,蒙古国第一位访问中国的最高领导人,标志着中蒙关系在经历了30余年的曲折后正式进入和缓的新时期。当时,有人认为奥其尔巴特应在先访问苏联后再访问中国。对此,他毫不犹豫地回答说:"我们没有先要访问苏联的义务。那种认为应先访问苏联的想法是旧思维的表现。我们所做的一切是为了更好地发展蒙古国,更好地建设社会主义。中国的社会主义建设是成熟的,他们的制度值得我们深思和学习。"后来,他一再强调,"过去我们亲近一个邻国而疏远另一个邻国没有得到什么好处,相反失去了很多。"今后应同中、苏两大邻国保持等距离外交,当前重点是改善和发展与中国的外交关系。奥其尔巴特说:"社会主义是个新鲜的东西,中、苏两国是社会主义大国,他们的发展经验值得我们借鉴。我们可以多交流,多学习,让社会主义国家的发展前景更明朗。"

卸任总统后，奥其尔巴特仍致力推动中蒙合作。

2009年8月17日上午，蒙古国前总统彭萨勒玛·奥其尔巴特及夫人沙·策伟乐玛在中国人民外交学会亚非拉部主任曾建华等陪同下，在北京参观访问了国家汉办暨孔子学院总部。

国家汉办主任暨孔子学院总部总干事许琳对彭萨勒玛·奥其尔巴特前总统及夫人的来访表示欢迎，带领他们参观了"中国文化体验中心"及"孔子学院之窗"，并举行了友好会谈。

会谈中，许琳主任向奥其尔巴特介绍了国家汉办在支持和帮助蒙古国汉语教学活动方面所开展的工作，如派遣教师和志愿者、建立孔子学院、赠送教材和图书等，对奥其尔巴特多年来为推动中蒙关系友好发展所作出的努力与贡献表示感谢。

奥其尔巴特前总统回顾了中、蒙建交以来两国经济、政治、文化领域合作交流的发展历程，特别是近20年来，随着中、蒙两国市场的不断开放，人员的交流增进了两国之间真正的了解。他同时指出，近年来，在蒙古国，对汉语以及中国文化的了解、学习和研究越来越得到人们的关注和重视。在随后的演讲中，奥其尔巴特前总统对汉办的工作表示肯定和感谢。他指出，蒙古国汉语教学的前景充满希望，鼓励赴蒙汉语教师志愿者在蒙期间多学习蒙古国的语言和文化，相互学习、相互借鉴，共同为促进中蒙两国的团结和发展作出贡献。他还介绍说，他的小女儿毕业于北京大学，外孙女也在蒙古国立大学孔子学院学习过汉语。他表示，蒙古国和中国是革命伙伴，两国的友情从未发生过变化。

2009年8月19日，蒙古国前总统彭萨勒玛·奥其尔巴特携夫人沙·策伟乐玛一行参观访问上海世博局。上海市政府副秘书长、世博局局长洪浩向彭萨勒玛·奥其尔巴特一行介绍了上海世博会的筹备情况。洪浩表示，蒙古国参展的各项事宜进展顺利，上海世博会将是促进中、蒙两国友好关系的良好平台。彭萨勒玛·奥其尔巴特预祝上海世博会顺利、成功，并希望蒙古国的展品能在上海世博会中大放异彩。最后，彭萨勒玛·奥其尔巴特欣然提笔，为上海世博会留下了"祝福成功"的真诚祝愿。他也希望中国和蒙古国能够始终维持良好发展。

2017年6月20日，奥其尔巴特在北京参加由北京大学国际关系学院等单位主办的"中国在国际关系中的作用：'一带一路'倡议"论坛。

2017年8月28日晚，亚太交流与合作基金会执行副主席肖武男等一行应邀在北京广西大厦，会晤了蒙古国前总统奥其尔巴特先生。双方就加强和推动中蒙社会、经济和文化交流与合作方面事宜进行了深度探讨，并达成了广泛共识。

奥其尔巴特前总统对基金会长期致力于中、蒙之间的友谊，推动中国"一带一路"愿景在蒙古国落地，即实施的"草原之路"计划，表达了高度肯定和赞扬。同时，双方认为积极推动中、蒙、俄经济走廊的建设，具有深远的前瞻性和巨大的现实意义。

率先恢复并推动中蒙友好合作的奥其尔巴特在中蒙关系史上写下了浓墨重彩的一页，也为中蒙友好世代传承下去奠定了坚实的基础。

东方之子

——那楚克·巴嘎班迪

东方之子
邓楚尧·巴曼班迪
宁三寻宝
黄清港画

那楚克·巴嘎班迪（Natsagiin Bagabandi, 1950—），蒙古国第二任总统（1997—2005），生于扎布汗省雅鲁县的一个牧民家庭，1972年毕业于苏联列宁格勒制冷专科学校，1980年毕业于苏联敖德萨市食品工艺学院，1984年至1987年就读于莫斯科社会科学院，获哲学副博士学位。回国后历任人民革命党中央委员会宣传部顾问、中央书记、副主席、主席等职务。1992年至1996年任大呼拉尔主席。1997年，当选蒙古国总统，2001年连任（至2005年6月）。曾于1998年12月和2004年7月对中国进行国事访问。

01

三次留学苏联，亲历两个时代

1950年4月22日，那楚克·巴嘎班迪出生于蒙古国扎布汗省雅鲁县一个普通的牧民家庭。由于父母都是普通本分的牧民，小时候的那楚克·巴嘎班迪和那个时代所有的普通孩子一样，上学牧羊，在物质上并没有任何优于别人的地方。由于当时蒙古国的国内形势，他在中学毕业后有了去苏联学习的机会。1968年，巴嘎班迪前往列宁格勒的制冷专科学校学习，1972年毕业。1972年返蒙后在一家酒类联合企业工作，先后做过机修工、技术员等。

1975年,巴嘎班迪再次留学苏联,就读于苏联敖德萨市食品工艺学院,1980年毕业。回国后,在乌兰巴托市白酒啤酒联合企业当机械师和工程师,之后被选拔为蒙古国人民革命党中央省省委宣传部部长。

巴嘎班迪两次留学苏联期间,苏联正处于勃列日涅夫时代。这一时期,苏联对外推行扩张政策,军事实力已经跟上甚至超过了美国,经济实力也比较雄厚,有20余种重要产品位居世界之首。然而,由于这一时期的苏联将85%以上的工业投资用于发展重工业和军事工业,军费开支约占财政支出的1/3以上,农业和轻工业落后,主要消费品长期短缺,人民群众生活水平大大落后于西方发达国家。学习食品工业的巴嘎班迪,对此有切身体会。

这一时期的蒙古国,被称为苏联的"第16个加盟共和国",各种政策都是服从于苏联的整体战略布局,没有怎么考虑蒙古国人民的生活需要。巴嘎班迪开始思考,以苏联为首的社会主义阵营那么强大,为什么蒙古国却还是有这么多人贫困?为什么饥饿仍然困扰着蒙古国人民?对他自身而言,他的能力足够让他在这个社会上生活得很好,但出于一种对国家的责任感,他越来越觉得困惑,他决定再次前往苏联,去那个强大的国家寻找答案。

1984年至1987年，巴嘎班迪再度赴苏深造，进入了苏联社会科学院学习，1987年，巴嘎班迪获哲学副博士学位。这段时间，戈尔巴乔夫的改革还没有开始，苏联对勃列日涅夫主义的清算和经济改革的效果不佳，这让他认识到人民需要的不是那些空虚的口号，不是那些大国博弈宣传的国家军事实力，人民需要的只是温饱。他由此联想到，自己国家的人民为大国的博弈已经牺牲了太多，人民已经历太久的贫困，他们比任何国家的人民都需要稳定和发展。当他从导师手中接过副博士学位证书后，他突然感觉自己比任何时候都想念祖国，他强烈渴望能为自己的国家做点什么，他内心的责任感和使命感不容许他在物质的满足中过完一生。于是，1987年，他回到了祖国。回国后，他担任了人民革命党中央宣讲员、某部局长、理论意识形态部顾问。

02

临危受命 重新执政

1990年3月和4月，蒙古国人民革命党先后召开中央全会和党的特别代表大会，大会的中心议题是"深化改革"，党的主要任务是"向前看、坚决深化改革新党"。大会通过了新党纲党章，确定了建设人道、民主的社会主义的目标；同意实行多党平等竞争；主张发展多种经济成分，实行国家调节的市场经济和对外开放的经济政策；强调蒙、苏特殊关系，重视发展与中国的关系，宣布奉行不结盟政策。

这种改变，让人民革命党在1990年和1992年的多党制选举中继续执政，然而，在1996年6月的大选中，在有76个席位的大呼拉尔中，蒙古国人民革命党仅占25席，执政长达70多年的蒙古国人民革命党首次在选举中败北，失去政权。建党才数年的民主党联盟（今民主党）却一举夺得国会76个席位中的50席，组建了民主党联合政府。

在这种背景下，巴嘎班迪成为人民革命党新的希望。

1990年4月，巴嘎班迪被选为已经改变宗旨的人民革命党的中央委员，同年11月晋升为中央主席团委员、中央书记。1992年2月就任人民革命党中央副主席。1992年7月至1996年7月任蒙古国国家大呼拉尔主席。当民主联盟在1996年6月经过大选上台执政后，巴嘎班迪仍为国家大呼拉尔成员，并于1996年任人民革命党议员团主席。

1997年2月，巴嘎班迪在人民革命党二十二大上当选为主席。在这次大会上，人民革命党再次改变党的性质，确定党的性质为"民族民主主义性质的中左翼政党"，理论基础为"民主社会主义思想"。此前，1991年2月蒙古国人民革命党召开二十大，强调党的性质是坚持社会主义思想的人民民主党。1992年2月蒙古国人民革命党召开二十一大，规定党的性质为民族民主主义，遵循东方哲学的"中道思想"。这些自1990年以来的改变，使人民革命党转变为类似于英国工党、印度国大党之类的社会党，2003年，蒙古国人民革命党加入社会党国际，并成为这个组织的正式成员。

1997年6月，巴嘎班迪当选为蒙古国总统。在当时，这被称为"蒙古国政坛上一起不寻常的事件"。因为这位时年47岁的蒙古国人民革命党主席，战胜的是民主党执政联盟推举的总统候选人、时任总统奥其尔巴特。后来，蒙古国大体上形成了一个惯例，人民革命党与民主党分别出任总统与总理，即总理来自在大选中获胜成为执政党的政党，总统则通常来自落选的政党。当然，也多次出现例外，巴嘎班迪在2001年连任总统时，总统和总理都来自人民革命党。奥其尔巴特的落选，后来也发展出一种制度，即总统任期不得超过两届。奥其尔巴特两次当选，虽然第一次当选的是蒙古人民共和国的总统，第二次当选的是蒙古国的总统，但仍可以视为两届。

当选为总统后，巴嘎班迪按惯例不再担任人民革命党主席，但在该党没有执政的背景下，代表该党担任总统的巴嘎班迪无疑是该党的首席代表。特别重要的是，他的当选，表明蒙古国人民没有抛弃曾长期执政的社会主义性质的人民革命党，这种现象，在苏联解体、东欧剧变后并不多见，因而给了人民革命党巨大的鼓舞。因此，虽然不再担任党的领导职务，担任总统的巴嘎班迪仍是人民革命党的希望。在这种背景下，2000年，人民革命党赢得了新一轮大选，在2000年7月26日至2004年8月20日重新执政。再后，人民革命党与民主党轮流执政，从2000年7月至2016年7月，人民革命党执政10年8个月，民主党执政5年4个月，蒙古国比较平稳地形成了两党轮流执政的格局。

03
致力于建设发展

转型后的蒙古国问题很多，首先是贫富分化严重。在21世纪前10年，有40%的民众生活在贫困线以下，而约200个显赫的大家族控制着蒙古国银行内98%以上的存款。各种生活费用不断攀升，人民生活面临巨大挑战。其次是社会治安成为很大的问题，城市犯罪率上升，社会矛盾日益尖锐。还有医疗保障法、救济法、调整退休金等政策贯彻不力，导致贫困加剧，失业人数猛增。民众对蒙古国党派之间的相互攻击和指责越来越感到厌倦，对政府的不满情绪不断上升，各种抗议游行活动此起彼伏，政局很不稳定。1992年7月至2017年7月，蒙古国已经产生了13任总理，还出现了2位代总理，合计共有15位总理。

与总理的频繁更换不同，总统的职位则比较稳定，转型以来只产生了5位总统，其中除了1人只任1届，另1人任期未满外，其他3人都是连任2届。因此，总统虽然只是象征性的国家元首，但对政局和社会的稳定起着很大的作用。

巴嘎班迪任总统期间，被认为是蒙古国"稳健改革派"领导人。

在经济上，巴嘎班迪主张实行"稳健、务实的改革政策"。改革的重点是减少失业率及扶贫，恢复和发展生产才是维护社会秩序稳定的关键。长期从事党务工作，使他对经济有了更多的理解；而长期的工人生涯，使他明白人民真正需要的是什么。苏联当年的教训，使他深刻地认识到私有化不能急于求成。巴嘎班迪认为激进的改革是不切实际的，向市场经济的过渡应该是平稳的，不能急于求成。同时他对下层民众的同情也让他更加关注人民的生活问题，他比较注重对居民的社会保障，强调要"提高人民的社会福利，照顾贫困阶层和退休者的利益"，提出"国家要为人民，社会要为公民"。

政治上，巴嘎班迪主张在蒙建立"人道民主社会"。在民主和人道的基础上以现代标准发展国家，把国家利益摆在首位。加强纪律和秩序，大幅度减少失业和贫困现象，加强民族团结，创造一个人民安居乐业的社会。他的改革思想取得了很大的成效，蒙古国在较短的时间内得到了很大的发展。

外交上，巴嘎班迪表示继续实行对外开放的政策，强调巩固国家的对外关系，提高蒙古国在国际舞台上的地位，吸引外资来蒙发展国内经济。巴嘎班迪奉行同世界上一切国家发展互利合作关系的"全方位务实外交路线"，主张同包括美国等西方国家在内的世界所有国家加强友好合作和进行经贸往来。他把同中国和俄罗斯两大邻国的友好关系摆在蒙古国的外交首位，这毫无疑问是正确的决定。

同其他务实的蒙古国领导人一样，巴嘎班迪也奉行对华友好的政策，提出"发展同中国的友好合作关系"是蒙古国外交政策的首要原则。在担任蒙古国大呼拉尔主席期间，巴嘎班迪曾表示，"蒙古大呼拉尔愿为增进蒙中两国友好合作关系作出自己的贡献"，并称他对"蒙、中两国在政治、经济、文化等方面的友好合作关系表示满意"。他高度评价中国在国际舞台上的重要作用，认为"中国对亚太地区和世界的和平与稳定具有举足轻重的作用"，而"保持亚洲太平洋地区的稳定和发展，是蒙古国获得发展的一个重要前提"。

那楚克·巴嘎班迪在总统任期间十分重视和中国的友谊。

巴嘎班迪曾于 1994 年 8 月率蒙古国国家大呼拉尔代表团访问过中国。应中华人民共和国国家主席江泽民的邀请，蒙古国总统那楚克·巴嘎班迪于 1998 年 12 月 10 日至 15 日对中华人民共和国进行国事访问。访问期间，江泽民主席同蒙古国总统那楚克·巴嘎班迪举行了正式会谈。中华人民共和国全国人民代表大会常务委员会委员长李鹏和国务院总理朱镕基分别会见了那楚克·巴嘎班迪总统。访问期间，双方签署了《中华人民共和国政府和蒙古国政府经济技术合作协定》等五份文件。双方一致认为，根据《中蒙友好合作关系条约》的基本原则和精神，作为邻国，中、蒙两国进行友好往来和开展合作，有利于两国的建设与发展，也将促进本地区的和平、稳定与繁荣。双方将共同努力，把一个长期稳定、健康互信的中蒙睦邻友好合作关系带入 21 世纪。

1999 年是中蒙建交 50 周年，又是世纪之交。中国国家主席江泽民于是年 7 月访问蒙古国。巴嘎班迪代表蒙古国政府并以他个人的名义对江泽民主席应邀对蒙古国进行国事访问表示感谢和热烈欢迎。他说，去年底，他曾对中国进行过成功的访问。在不到一年的时间里就再次同江泽民主席见面，这本身就是两国友好关系不断加深的体现，充分表明双方都赋予两国友好合作关系以重要意义。江泽民主席此次访问恰逢中、蒙两国建交 50 周年和中华人民共和国成立 50 周年，因而更具有特殊意义。

2003年6月4日和5日，中国国家主席胡锦涛访问蒙古国，并与巴嘎班迪总统举行会谈。这次访问引人注目，因为这是胡锦涛主席就任后的第一次对外国的国事访问，这也使巴嘎班迪成为蒙古国第一位迎接过两位中国国家主席的现任总统。访问期间，两国发表了《中华人民共和国和蒙古国联合声明》，双方一致同意并宣布，中、蒙作为友好邻邦，根据1994年友好合作关系条约、1998年联合声明和2002年联合公报的精神，以及和平共处五项原则，建立和发展中蒙睦邻互信伙伴关系，全面发展两国友好和互利合作，永远做好邻居、好伙伴、好朋友。

2004年，应中国国家主席胡锦涛的邀请，那楚克·巴嘎班迪于2004年7月1日至6日又对中国进行了国事访问，从而成为蒙古国第一位两次访问过中国的现任总统。

04

"为了人的美好"

那楚克·巴嘎班迪总统不仅是一位出色的政治家，同时他还致力于慈善事业。

巴嘎班迪总统和夫人阿扎德苏伦·奥云比列格育有一女一子。奥云比列格现为慈善机构"为了人的美好"基金会主席。那楚克·巴嘎班迪总统和他的家人同慈善公益事业一直有很奇妙的缘分。他曾说过，他也不知道为什么，就是觉得应该去做这样正确的事情。他的夫人一直奋斗在慈善的第一线，为了人类的美好未来，这是他与夫人一直在做的事情。他们相信人生来就有追求幸福的权利，并且相信每一个人的人生会更加美好。为了人的美好，所以需要更多的人去帮助那些需要帮助的人。那楚克·巴嘎班迪总统是工人出身，从底层开始一步一步地奋斗，实现了美好人生，所以他更加了解底层民众的辛苦。他看到过在经济紧张时，好几天都吃不到一顿饱饭的人，所以他不断追求的梦想只有一个——让人民过上温饱的生活，让他们的物质生活充盈起来。

那楚克·巴嘎班迪是一个善良的人。当他还是一个工人时，他渴望国家的发展，担忧国家的未来。当身处高位时，他忧虑那些还在痛苦中的人民，从个人与国家上升到全人类的高度。他关注非洲的儿童还在不断为食物发愁，中东的难民为政治家发动的战争买单。他认为，那些流离失所的难民、被饥饿和疾病折磨的儿童，还有那些得了绝症的病人、先天或者后天的残疾的人，他们跟我们一样，都是平等的人，有权利和资格去获得美好的未来。人的美好在于互相关怀，在于追求幸福和得到幸福的权利，而世界上阻碍人们得到幸福的障碍太多，无论是先天或者后天的，都让人绝望。那楚克·巴嘎班迪相信，这些障碍或许不会被完全消灭，但是通过我们的努力，可以唤醒更多的人投身于这个事业，这就是慈善的含义。

2005年6月之后，那楚克·巴嘎班迪走下了总统的岗位。他曾因这个位置给他带来的压力而备受煎熬，也为这个位置能实现他的梦想而雄心勃勃。他近十年都在这个位置上痛苦着、欢笑着。他在议会里慷慨陈词，他说，我们的国家已经在贫困中度过了太久，我们的人民因为激进的政策备受折磨。我们希望改变这一切，也为改变这一切正在努力。蒙古国人民选择了和他一起来改变蒙古国，他高举双手，同人民一同欢呼，并肩战斗。他深夜在总统府与幕僚讨论制定国家稳定的经济政策，他在市中心演讲，在首都阅兵，不眠不休地去各个国家访问，只为了不辜负人民当年的信任。"蒙古国在贫困中度过了太久，人民在困难中备受折磨，蒙古国人民并非什么都没有做，他们选择了我，他们的希望、他们的梦想都寄托在我身上，所以我只能背负着这些一路向前。"

2007年3月，应中国人民对外友好协会邀请，卸任近两年的巴嘎班迪携夫人和10岁的小孙子一起访华，希望再次看看中国的发展变化。巴嘎班迪感谢对外友好协会为发展中蒙友好事业所做的大量工作。他说，国与国的关系实际是人民之间的关系。人民之间相互理解、彼此尊重，双边关系才能顺利发展。在蒙古国，越来越多的年轻人希望学习汉语。他还坦诚地说："由于两国毗邻，因此两国之间会发生一些民间的小小纠纷等问题也是难免的，但这不会成为阻碍和损害两国友好关系的因素，我坚信这一点。"

"一带一路"倡议离不开周边国家的支持，在那楚克·巴嘎班迪前总统和所有爱好和平的中、蒙两国人民的努力下，中、蒙两国的关系正在变得越来越好，在"一带一路"倡议如火如荼地展开的时候，我们应该记住在这条路上有过这么一个人，他位高而谦虚、友好而坚定，一直为他的国家和人民，为中、蒙两国的友好关系而奔走呼号。

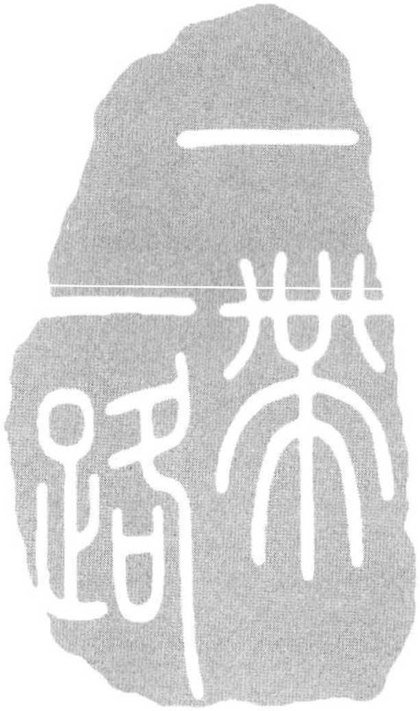
一带一路

Chapter 06

草原的清香

——森道哈达

草原的清香
森道哈达

广袤无垠的蒙古高原，那里草场连绵，山脉起伏，苍鹰盘旋，野马奔腾。那里的辽阔和旷远，那里无拘的野性和蓬勃的生机，撩拨着每一个生活在那里的人的诗情。在大草原上生活的每一个人似乎都是歌者和诗人。他们用诗歌抚慰受伤的灵魂和内心汹涌的情感，以与生俱来的创造力和艺术激情捍卫着个性和自由，关心着人类和地球的命运。无疑，森道哈达是他们的杰出代表。

森道哈达（Hadaa Sendoo，1961—），21世纪最有影响力的蒙古国诗人和翻译家。出生于蒙古国察哈尔草原的书香门第。早年丧母，随父亲移居偏远的南部地区，在那里度过了他艰辛的童年时光。14岁时，在当地一所高中学习古典蒙古文和中文。之后，森道哈达不再愿意接受正规的学校教育，随即投身社会，曾做过牧马人、地震测报员，也曾在印刷厂做学徒。多年后，森道哈达搬到乌兰巴托，并开始在一所私立大学执教。他一直教到2006年，之后他回到蒙古国国立大学当了一名教授。他也在一些杂志担任顾问和编委，1999年，他和朋友创办了一份蒙英双语彩色画报。他受聘为加拿大世界诗歌阅读系列国际委员会委员，以及土耳其、印度、中国等诗刊的艺术顾问。2006年，森道哈达创立了广受好评的《世界诗歌年鉴》，作为杂志的始创者和管理者，他的作品被翻译成了30多种外国语言出版发行，并且被纳入了最优秀的蒙古诗歌行列。对于很多热爱诗歌的人来说，森道哈达是21世纪伟大诗人之一，他早期的诗歌接受了蒙古史诗的洗礼，也受到了20世纪俄罗斯意象派和意大利隐逸派的影响。他是《国际文学季刊》的顾问编辑。1999年，森道哈达获得雅典奥林匹克文化奖；2000年获得千年诗人奖；2006年获得国际最佳诗人奖；2009年获得蒙古国作家联盟最高奖。诗集《重回大地》（*Come Back to Earth*）被国际作家协会（IWA）评为年度最佳诗集。2010年获得美国诗歌巅峰成就奖。2014年获得意大利诺西特世界诗歌奖。

01
不凡的文学世家

森道哈达生于1961年。他的祖父老博因拔德尔库为蒙古察哈尔草原贵族之子，父亲博因拔德尔库·森道少年时就读于察哈尔日蒙中学，学习古典蒙古文和日文，在当地小有名气，被称为"民族的诗人"。父亲毕业不久后就搬至都市，顺利进入艺术院校进修，早年在剧院当经理，还担任过蒙古文学杂志社编审。母亲为博物馆民族学部讲师。

小森道出世以后，父亲常常抱着小森道在一望无际的草原上朗读诗歌,美丽的母亲更是从小熏陶小森道的文学素养,作诗弹琴,引导小森道领悟草原的美丽。母亲总对小森道说,"你来自草原,你是草原的孩子。不管你以后在哪,都不能忘记草原呀。你要爱他,你看那天空,那是最纯净的天,你要尊重草原而不是改变草原。"

父母的良好教育在森道哈达的诗歌中得到了很好的表现,正是父母对自然的热爱才影响了森道以自然为中心的诗歌创作理念。这样富有文化气息的家庭环境,造就了森道哈达精彩的诗歌人生。

后来,善良的母亲不幸因病去世,深爱妻子的森道父亲深受打击,失去了创作的力量和勇气。几年后父亲决定离开这个美丽而悲伤的地方,带着森道哈达背井离乡,来到了靠近达拉巴颜克拉山的南部地区,并定居在此。

在那里,森道哈达度过了他艰辛的童年时光,失去母亲的森道逐渐变得内向和自卑,难以融入当地生活的他在求学的道路上愈加沉默寡言。森道始终挂念着母亲口中一望无际的草原,保持着那份最初的对文学的热爱。14岁时,森道在当地一所高中学习古典蒙古文和中文,富有才华的他很快成了学校的风云人物,不爱说话的他用文字表达着他的情感。他以为凭借他的努力会赢得老师和同学的喜爱,让他没有想到的是,正是其才华横溢把他推向了风口浪尖。一次森道哈达正兴高采烈地通过自己的新诗歌向大家介绍美丽的大草原时，忽然有一个人闯进教室，大骂道："不害臊，年纪轻轻就知道抄袭别人，长大了能有什么用？废物。"教室里异常的安静让森道哈达觉得难以忍受，然而他没有过多地辩解，他只是低声地告诉大家"这确实是我自己写的"，随后便匆匆离开，甚至留下了他满是修改痕迹的手稿。然而这并没有影响到森道哈达对于诗歌和创作的热情，他没有立下壮志豪言，只是默默倾诉他心中的梦想罢了，他也从没想过要成为伟大的诗人。

学校生活的不如意和刻板的教学方式使得森道哈达很快就厌倦了正规的学校教育，他觉得自己不属于这里。不久，他接受了父亲让他前往艺术学院学习的建议，怀揣着对母亲的思念、对父亲的牵挂以及对文学梦的憧憬踏上了求学之路。在艺术学院学习期间，他还做了一份助理编辑的工作。由于他勤奋认真，得到广大老师们的欣赏，这份工作让年轻的森道有了很多接触蒙古文学的机会。他在图书馆一遍又一遍地读着那些文字，读着经典的文学作品、史诗，其中包括江格尔所著的有关蒙古民歌的书籍,同时也有现代主义诗歌。森道沉迷于文学的世界，不断地反思自己，提高自己，也忘记了心中的伤痛和忧郁。在充满文学气息的环境的熏陶下，1989 年，他尝试创作出版了第一本诗集《游牧民族的歌曲和月光》。让人意外的是，初次出书的小森道便得到了很多编辑的关注，处女作诗集的销量也不错。

02
璀璨的诗歌道路

　　1991年，怀着对家乡的思念和对母亲的思念，森道哈达只身一人再次搬到了北部地区。他深深地被这里吸引，他告诉自己，他爱这里，他是草原的孩子。这份最纯净的热爱促使他定居在了蒙古国首都乌兰巴托。回到这里的他，深受父母的影响，毅然决然地去了一所私立大学当一名文学教授。在教学的课余期间，他热衷研究蒙古国民间文化，其中不乏民间的歌曲，还有许多发生在蒙古国的神话故事。1996年，森道哈达发表了他在蒙古国新西里尔写的第一部诗集，读这部诗集，人们仿佛第一次感受到美丽的蒙古国风光。读者的喜爱成为森道哈达前进的动力。

　　1998年，才华横溢的森道正式加入了蒙古国作家协会，在这里他遇到了许多志同道合的人。他们热爱草原，向往自由，他们为了共同的文学理想不断努力。1999年，他和朋友们共同创立了一本文化杂志《世界的蒙古国人》。这本杂志出版以后立刻引起了各界读者的广泛关注。蒙古国这个美丽的草原之国开始展示在世界的面前。同年夏天，森道和他的知己好友同时也是蒙古国诗人的策仁道尔基共同组织了乌兰巴托的第一届亚洲诗歌节，受到了国际诗歌组织的关注。1999 年，他获得了雅典市政厅奖和第二届雅典奥林匹克文化奖。从那以后，森道哈达一直在蒙古国国立大学任教。

从小就生活在草原的森道哈达，他的诗歌大部分以歌颂草原和自由为主，但在中年时期，他也写了很多不同于以往风格的诗歌。他认为，诗歌有一种可以穿越时间和死亡的隐秘、奇异的力量。

可是创作的道路不会一帆风顺，中年的森道哈达感觉自己的思想变得迟钝和迷茫。他不知道自己在坚持什么，要表达什么。生活是活的，可是他感觉自己笔下的文字是死的，他再也不能通过他的文字感受到广阔草原的旺盛生机和生命的澎湃激情。这样的困境让他十分不安。深思熟虑后，出于对文学的热爱和对自然的向往，他决定在 2007 年去了蒙元帝国的上都，这是一座由忽必烈提供资本、成吉思汗的孙子建立于 13 世纪中期的城市。这里没有大都市的喧嚣繁杂，只有最纯净的草原和居民。森道每天和当地居民一起日出而作，日落而息。他呼吸着这干净的空气，仰望着璀璨的星空，在这样单纯自然的环境里，诗人天生的情感再次使诗歌的灵魂苏醒。在这宁静的小城生活了半年，哈达写了两首影响深远的长篇诗歌，他将一首诗命名为《上都悲歌》(*Shandu Sad Song*)，另一首则命名为《上都梦歌》(*Shandu Dream Song*)。这两首诗成了哈达的代表作，而且在蒙古国诗歌的发展史上留下了深深的印记。

机会总是留给有准备的人。1997年，落魄潦倒的森道哈达前去学部看望孩子们，在那里，仿佛命运已经安排好了，森道遇到了赏识他的伯乐——策仁道尔基（已故蒙古诗人），二人好像故友见面，策仁道尔基赞赏森道哈达是草原的宠儿，他对森道哈达的夸奖并没有因为森道的窘迫而吝啬。事实也证明，正是有当初策仁道尔的伯乐相马，才有了后来森道的精彩诗歌创作。策仁道尔基推荐了森道哈达进入蒙古国作家联盟，在后期森道难以生活的时候也是策仁道尔基一直支援着他。他曾写信给森道哈达说道："虽然现在很多人不理解你，但是千万不要畏惧，你就是你自己，是热爱草原的你，那些不理解你的人终究有一天会读懂你的诗歌的。"好友坚定的支持也鼓舞着森道哈达勇敢地在诗歌创作的路上向前走去。1999年，森道哈达与他的挚友策仁道尔基在乌兰巴托举办了首届中日蒙韩亚洲诗歌会议，获得了世界各地的关注，这更坚定了森道向前走的决心。

2009年对已有一定名声的森道来说，是通往诗歌道路上的一个关键转折点。当时,他的诗集《重回大地》吸引了众多评论家的关注,人们从一开始的不屑一顾变成开始赞扬他、欣赏他。森道哈达一直坚持生活在无忧无虑,没有压力的蒙古草原,但他的诗歌却流传到了世界各地,他的部分优秀作品被收录在"世界上最优美的 500 首诗歌"中。曾有电影导演到蒙古国选景,体会到草原风光的导演对森道哈达说:"以前我只是看你的诗歌,我觉得那一定是个美丽的地方,直到这次我自己来了这里,我才发现蒙古国不仅是美丽的,还是震撼和神秘的。"最终导演选用了森道哈达的一首著名诗歌《风》作为结束语。该电影讲述的是蒙古人的故事,精彩的电影配上优美的诗歌,让人们领略到了美丽大草原的魅力。2016 年,这部电影一举赢得了国际旅游电影节奖和戛纳青年导演奖。

才华横溢的森道哈达在诗歌创作的道路上崭露头角,获得了许多诗歌奖,其中包括蒙古国作家联盟奖,在蒙古国、希腊、加拿大和美国等国也获得了文学成就荣誉勋章,更被邀请参加欧洲、亚洲、北美洲和拉丁美洲的国际诗歌节。诗集《重回大地》赢得了国际作家协会颁发的"最佳诗歌作品集"称号。当年那个不被看好的少年用才华向世界证明了自己的不平凡。值得庆幸的是,即使有再多的光环笼罩,森道哈达依旧是那个不忘初心的森道哈达。2008 年,优秀的森道当选为蒙古国人文学院的正式成员。他没有停止前进，在随后的日子里出版了十多部诗集，部分诗集已经被翻译成希腊语、德语、法语、西班牙语、葡萄牙语、意大利语、希伯来语、格鲁吉亚语、土耳其语、立陶宛语和波斯语。每当别人提及他的成就，他都只是腼腆地说一句："幸好有草原，没有草原的话就没有我了。我不知道我有多少成就，我就是爱这里，就是爱诗歌，我想让更多的人了解这里。"怀着这种单纯的热爱，极具天赋的森道哈达在诗歌方面展现出非同凡响的影响力，随着一部部诗歌集的出版，森道被公认为是21世纪最伟大的诗人之一，甚至还有一些文学评论家称他为世界上最有价值的诗人之一。

其实，森道哈达的蒙古语诗最早是由美国华盛顿中亚文学翻译中心译成英语的，也许编辑也没有想到，这样一个在当年不起眼的小诗人会在日后掀起整个诗歌界的巨浪。森道哈达在20世纪80年代创作生涯初期出版过诗集《牧歌与月光》，而他早年写下记忆与精神之长诗《沿着母亲河顺流而下》、《上都悲歌》和《上都梦歌》，追忆逝去的梦乡，咏叹游牧风光，渴望让疯狂的现代世界回归理性。这些诗歌，无一例外，都在日后被翻译成各国语言，流传在世界各地。

2011年9月24日，森道哈达参加了世界诗歌运动，这也让他成了开展世界诗歌运动的早期成员之一。他宣扬诗歌是生活的缩影，诗歌来自生活，诗歌的力量是内在自然的流露，而不是来自那种高昂的情感。森道奔波在世界各地，辛苦却又满足，这场诗歌运动让更多人了解到森道所信仰的诗歌情怀。2012年，森道哈达受邀参加位于英国南岸中心的帕纳塞斯山上举办的盛大诗歌节，在那被称为"接近天堂的地方"，他大声地诵读他的诗歌，在一望无际的天空下诉说自己的理想与热爱。他的最新诗集成为展览会的一部分，并在皇家节日厅，在伊丽莎白女王大厅的室外空间展出。他的诗歌显露出一种永不屈服的精神，其中一首诗《雨的诗》被印成了书签，由直升机从空中投撒下来。口语化的诗歌充满了忧郁意识，从文字间自然而然地流露出一股力量，不高昂，不激情澎湃，却充满力量，有评论家说"森道哈达的诗歌是自然的写真，鼓舞了在黑暗中的人向前进军"。森道哈达的众多诗歌被收录在了戴克斯所著的《世界纪录选集》（*World Record Anthology*）中，很多作品被收录为"全球最佳诗歌"。

森道哈达不仅致力于诗歌的创作，2006年，他创立团队，组织编辑出版了第一本全球英语版《世界诗歌年鉴》，该书被公认为对推动诗歌和文学创作具有开创性意义，而森道哈达成为了《世界诗歌年鉴》的创始领袖。

不久，森道哈达被推举为拉美作家联盟（UHE）蒙古国执行主席、蒙古国诗歌文化学会董事会成员、蒙古国人文学院终身成员,并担任颇具影响力的《国际文学季刊》(The International Literary Quarterly)顾问编辑。

他曾受邀为麦德林国际诗歌节嘉宾、东京诗歌节嘉宾。慢慢地,森道哈达的诗开始进入中国人的视野,他的诗歌曾发表在中国艺术批评网刊,成为备受关注的外国诗歌。

世界越来越关注这位天才的诗人,有人称森道哈达是上帝遗失在草原的宠儿。2013 年,森道哈达被列为世界级民族诗人。2014 年,森道哈达获意大利诺西特世界诗歌奖,该奖项被列入联合国教科文组织的世界诗歌指南(UNESCO World Poetry Directory)。璀璨的光环笼罩着天才森道哈达。2015 年,森道哈达的作品被收入"顶级 500 首诗名录"。德国的《街之音》首次发布森道哈达 15 首诗的蒙德双语版本,得到了德国民众的一片好评。这 15 首诗歌更是获得了由加拿大颁发的"有远见的诗人奖",主办方称赞森道哈达的诗歌具有神秘感,饱含了对自然的热爱。随着人们对这位天才作家的关注和欣赏,《世界诗歌年鉴》在全球范围得到传播,并引领和推动诗歌的创作与世界诗人们的协作。

03
杰出的草原诗人

2016年，森道哈达的波斯文诗集《葱郁的草香》出版，诗歌评论家称这本诗集是诗歌史上又一部巅峰之作，同时他也被广大诗人评为当代最伟大的蒙古国民族诗人之一。目前诗歌集《葱郁的草香》已被享有国际声望的德黑兰国际图书展珍藏，越来越多的诗歌爱好者认识森道、欣赏森道，他的影响也越来越深远。

有人说来自同行的赞赏才是最高级的赞赏。理查德·贝尔根教授是一位杰出的诗人，同时也是森道哈达的忠实粉丝。他写了一篇关于森道哈达作品的评论，当中说道："我仔细阅读了这本书《葱郁的草香》，我的灵魂受到了洗礼。更重要的是，我很高兴发现了他伟大远见的深度和广度。最让我感到震撼的是当我在阅读《重回大地》诗集中的最后一篇诗歌《21世纪诗人》时，我仿佛看见一片草地，感受到我的灵魂在草原上无拘无束地飞翔。我在朗诵他的诗《风》时，发现这首诗与我的'普遍主义诗人'和'普遍主义诗歌'的理念有一定的关联，风（空气，呼吸，精神）是一个非常深刻的主题,这首诗引起了我内心的共鸣。而《回到地球》这首诗让我感受到了蒙古广阔的空间,清澈单纯,这让我对遗失的文化感到深深的悲伤,忧伤的文字使我想起了电影《黄狗的洞穴》和《哭泣的骆驼》中的故事。"

森道哈达的好朋友,德里大学教授丽塔·马尔霍特拉在她的一篇学术论文《狂热世界的话语》中,对森道哈达给予了高度的赞赏:"森道哈达的诗歌作品不仅仅是他情感艺术的表达,更表达了人类对周遭环境的关注和对道德意识的审美回应。他描绘的是一种和自然世界相联系的热烈生活,通过明显的真实,他忠于诗意的敏感度去访问潜在的世界。敏感和发人深省的主题是强烈变化的,这从哈达娴熟的艺术技巧和生动形象的图像使用可以看出。"

德国的诗人和艺术评论家安德烈亚斯·威兰德说:"森道哈达的诗歌与他的生活、自然广阔的土地、蒙古国的风相呼应,哈达年轻时期的经历为他后来的创作打下了坚实的基础。我大声地诵读这些文字,试着倾听节奏,关注每一行的诗意,我看到了一片片草原,看到了自由的牛羊,看到了宁静的世界。我认为他诗歌中的信条像是'听天由命'或'喜死再死',这一切都指向轮回,对萨满教和佛教(或其他宗教)的信仰和追求,我们都死了这么多回,因为我们是在不断地重生。他的诗歌触动了我的心灵,唤醒我的思绪和强烈的情感与意象，给我深深的震撼和感动。我相信森道哈达是一个敏感的，真正的诗人，他忠于内心、忠于自然。"

森道哈达的诗歌不仅引起了社会的广泛关注，也引起了众多高校的重视。随着森道哈达不断地发表诗歌，人们对他的认识也越来越深刻。很多批评他的人也逐渐改变了看法，开始理解他，甚至赞扬他。剑桥大学评论家安东尼奥·卡德拉多－费尔南德斯就是其中一个，早些年他指责森道哈达的作品幼稚，没有文采，永远也不能成为主流作品。但安东尼奥在参观过美丽的草原、听过森道哈达的叙述后，他在巴塞罗那举行的第一届"重建民主"国际研讨会中谈到森道哈达的诗歌，他着重介绍了森道哈达的土著诗歌使用现象学的方法，他夸奖森道哈达的诗歌把读者带到了美丽广阔的蒙古国平原，让读者们仿佛在布满星星的夜晚路过游牧家庭，看见了蒙古包的烟雾、漫步的骆驼，这是一种古老而自由的生活方式，却受到了蒙古国尘世财富繁荣前景的威胁。众所周知，森道诗歌中共同的世界观植根于游牧主义。他的诗歌《废墟和反思》中写道：

你死了吗？你看起来像一片干海
但你是干净的草原
从你平静的眼睛

> 我知道你已经忘记
>
> 忽必烈的悲伤和Togoontumur可汗的耻辱
>
> 你只是沉睡在土地上
>
> 你的头发是瓷砖
>
> 你的身体是岩石
>
> 你是翻腾的海。

这首诗就像一个鲜活的人,对你娓娓道来,那是人类通过身体感知世界的一个良好例子,你可以看见广阔的草原,干净的天空,在天地交接的地方有一群牛羊,放牧人高声唱着歌,缓缓地赶着牛羊向前走去。那牛羊仿佛悠闲的老人,迈着步子,看着风景,跟着放牧人漫步在这自由的草原上。景观体现情感,记忆源于个人和人际交往的经验。美丽的草原是森道哈达的家,是他诗歌的源泉和能量,儿时或甜蜜或辛苦的经历是他诗歌的精华和灵魂,滋养着他的文字,感染着一个个读者的灵魂。

文化地理学家克里斯托弗·蒂利评价道:"蒙古国草原不仅仅是一片草原,更是一个民族的凝缩,是一个国家的精华。通过森道哈达的诗歌,人们看到了美丽的草原,体会到了当地的风俗民情,和森道那颗纯洁的心。"

森道哈达是个天才诗人,他的经历和家园是他诗歌的来源，就像他母亲说的，他是草原的孩子。森道哈达的影响已经在国际环境和蒙国古文化领域中得到了证明。从初期许多人的质疑与责骂中，森道哈达一点点成长，创作出一篇篇优秀的诗歌。21 世纪，曾经批评过森道哈达诗歌的学者们开始改变自己的想法，他们说他们被森道哈达的诗歌深深地感染、征服，声称森道必须被看作是顶尖诗人之一，甚至是 21 世纪最有影响力的诗人之一。不仅如此，日本明治大学教授 Ban'ya Natsuishi 也称赞森道哈达是"当今世界上最好的诗人之一"。秘鲁诗人 Carlos H. Garrido Chalen 写信给拉丁美洲作家协会的所有成员，毫不吝啬地夸奖道："森道哈达是一位世界知名的诗坛领军人物，没有谁可以超越他。"优秀的人总会得到上帝的青睐，对森道的夸奖接踵而来。2002 年，森道哈达被加州的世界文化艺术学院授予文学博士名誉学士学位。2003 年，印度著名的学者 Syed Amiruddin 宣称："森道哈达是一个多维的创造天才，除了是世界领先的反思思想家之一，同时也是一个人文主义者和最杰出的诗人，他的诗歌歌颂草原，歌颂自然，富有神秘感。而他本人以人性价值观闻名，以文字拥抱世界和平，热爱所有的创作和欣赏自然美，他宣扬的是自然之美。这种价值观应该被强烈宣传并以适当的方式让更广泛的世界观众了解到，这是这个社会所急需的。"

从森道哈达的诗歌里你会看到什么？会看到自由和勇敢……

游牧者

火红的戈壁上

迎来金秋的余晖

牧人牵着骆驼

还有他的牧羊犬追随

我的旅程

是否和他们的方向背道而驰

通天的戈壁，化作穹庐

我的双目迷离于

这蒙古高原

而梦魂中美丽的绿色帝国

却从未陨落

那洁白的蒙古包啊

可是我最后的归宿

界限

当我归来，那里

冷雨霏霏，而我

凝视自己的脸,像狼

孤独——

当我举目远望,只有天无界

甚至在我有生之年

这份痛楚,仍然

源自你——祖国

和一本护照

杭盖

在北亚西亚无尽的天幕下

生活着蒙古野马,他们有着高原之色

而绿色是杭盖的颜色

如今,他赤露无衣

在地理矿产资源图上

像一滴鲜红的血

根

我活着的时候能够看到

河流的根,青草的根

天空的根,岩石的根

还有诗歌的根

当我死时，我会梦到

根的诗歌，根的岩石

根的天空，根的青草

还有根的河流

吻

饥饿的人亲吻面包

逃难的人亲吻故土

雪花想亲吻黑睫毛

我想亲吻我的心上人

雨滴喜欢亲吻大地

痛苦亲吻我的灵魂

而蒙古草原之吻清澈如晨露

纯净如黎明之霜花

蒙古包

银色的夜晚

繁星满天

绿色的草浪翻飞

风密如林

>   一扇永不关闭的门
>
>   映衬在蓝天白云下
>
>   牧人们从来不会失落
>
>   也从不会像城市里的人那样痛哭

森道哈达的诗读起来十分口语化，就像邻家的哥哥在对你诉说一个个小故事，但它显露出一种永不屈服的精神，充满了忧患意识，这种力量不容小觑。森道哈达的粉丝们纷纷表示，"在这个繁杂的世界里，幸好还有森道哈达，他诗中表现出那种对自然的依赖，对自由的向往仿佛给他们构建了一个理想国，那里没有压力，没有竞争。"这种力量鼓舞了数以万计的城市人不再畏惧，充满希望。森道创造性地演绎了语言的神秘性，那些在草原生活的人生经验成为他诗的源泉。

森道哈达的诗是敏感的，作为一位诗人，森道哈达的率真和纯美，明显呈露了民族诗人的人文特质：表现自己国家的天然资源，并将其根植于深爱乡土的作品中。森道哈达的作品读起来朗朗上口，注重灵魂与视觉感受，充满张力。

森道哈达的诗在蒙古古典诗歌的沐浴中，其现代诗的味道依然散发出原始的草原的清香。他身处现代主义与超现实主义间的影响减退时期，作品既吸收了西方现代派诗风，又具东方色彩。他的诗作流淌着蒙古国人的血液，亦散发着现代的充满生气的清香，如同蒙古国高原一样绚烂、沉静，生机盎然。

突破零的英雄

——奈丹·图布辛巴亚

突破零的英雄

奈丹·国布
辛巴威

一九二三年六月
吴齐港画

突破零的英雄从无到有，从弱到强，兜兜转转，跌跌撞撞，总是不断地向着梦想前进。懵懂年少时我们总喜欢遥望着远方，青春勃发时我们奋力拼搏，就为一个梦想，就为到达梦想的远方。青春是一本空白的书，需要用理想和信念填充色彩，我们的梦想和远方是一片星空般的未来，闪闪发光。我们这里介绍的就是蒙古国青年奈丹·图布辛巴亚为摘取梦想的星星努力拼搏的故事。

奈丹·图布辛巴亚（Naidangiin Tüvshinbayar, 1984—），蒙古国男子柔道运动员。在2008年北京奥运会的男子柔道100公斤级决赛中一举夺得金牌。他成为蒙古国历史上首位奥运会金牌获得者，实现了长久以来蒙古国奥运金牌零的突破。

01

从"小小牧郎"到"柔道种子选手"

奈丹·图布辛巴亚出生在一个普通的牧民家庭，有着与其他族人一样的忠实、憨厚的美好品质。年少的奈丹·图布辛巴亚与家人一起过着逐水草而居的日子，骑马牧羊，引吭高歌，在天地宽广的草原群上肆意奔跑。那时的奈丹·图布辛巴亚过着人们向往的"天苍苍，野茫茫，风吹草地见牛羊"的生活。但即使年少，奈丹·图布辛巴亚骨子里与生俱来的热血依旧驱使着他去拼搏，去奋斗。

摔跤是蒙古族人的传统运动项目之一，并常以射击和拳击相辅。年少时，奈丹·图布辛巴亚由父亲带着参加了一次"那达慕大会"，这个八九岁的少年从此迷上了自由式摔跤，经常找父亲切磋、与小伙伴们比试，但体格相对瘦小的奈丹·图布辛巴亚不及同龄人的体能与力量，每年比试总是遭到嘲笑。有一次玩耍中，有几位小伙伴出言挑衅并欺负奈丹·图布辛巴亚，力量悬殊的奈丹·图布辛巴亚最终满身伤痕地回到了家中。这时，他父亲正在编织网弓，他极为沮丧地向父亲开口道："阿爸，我真的不能成为一个打败所有人的摔跤手吗？我想像阿爸一样，成为一个英勇强壮让人称赞的勇士。阿爸，我这么弱小，甚至比不过初生的牛犊。我该怎么办呢？"

父亲看着满心沮丧的奈丹·图布辛巴亚，向他招了招手，示意奈丹·图布辛巴亚走到他的身边。父亲放下手中的活儿，带着奈丹·图布辛巴亚走向不远处的小山丘。

奈丹·图布辛巴亚看着父亲一言不发地往前走去，并像是在寻找着什么似的，感到非常疑惑，途中他几次想开口问问父亲要去哪里，但还是忍住了。父亲虽然敦厚，却是个非常严肃的人，对奈丹·图布辛巴亚的管教非常严格。有次因为打架，奈丹·图布辛巴亚遭到了父亲严厉的责骂。刚刚向父亲抱怨也只是一时的悲伤弥漫心头，让他想找一个人一吐为快。现在，他却有些害怕面对父亲。

"奈丹，过来这里。"

父亲在前方喊道，看来是找到想要找的东西了。

奈丹·图布辛巴亚被父亲的喊声扯回了思绪，他看向父亲，只见父亲脸上并没有预想中的严厉，而是一脸平和。奈丹·图布辛巴亚糊涂了，但依旧脚步不停地跑向了父亲。

奈丹·图布辛巴亚来到父亲的跟前问道："阿爸，你为什么带我来这里？"

父亲蹲在一片植物前，指着这些植物问道："奈丹，你知道这是什么吗？"

"知道。"奈丹·图布辛巴亚看着面前的两三棵开着紫红色花的植物说："这是狼毒草。可是，阿爸，你让我看狼毒草干什么呀？"

父亲盘着腿在草地上，拍了拍身旁的地方，示意他也坐下来。平静地说道，"狼毒草，草原上一种很常见的植物，每年到了这个时候我们就可以看见它们的身影，狼毒草虽然有剧毒，但是它作为药剂可以帮咱们除一些害虫。在草原上水资源十分稀少，只有在雨季才会有些许降水，其余的时间大多是没有雨的，有的时候甚至会干旱许久。可是无论干旱多久，只要水分一充足，狼毒草就会迅速窜出地面并快速地生长，在短短几日就完成开花、结果，传播种子这一生命延续的过程。你知道这是为什么吗？"

奈丹·图布辛巴亚摇了摇头。

"那是因为在我们看不到的地方，狼毒草为了寻找水源，不断地向地下深处扎根，时间越久根系就越庞大，那么获得水分的概率就越大。所以，你可以看见每当雨季前后，狼毒草就像变魔术般地一夜之间便从地下冒了出来，还如此强壮。也因为它庞大的根系，所以才会有强大的毒性，才会被人们重视和利用。现在的你虽然力量弱小，那为何不学学狼毒草呢？去稳稳当当地把根扎好，然后厚积薄发，等到雨季到来，开出美丽的花朵。不要去和那些常常盛开的娇艳的花朵相比，它们的寿命只有短短的数日，因为没有实际的效用并不被人们重视，任由牛羊去啃食了。但是狼毒草不同啊，它长年累月地活着。一旦出现便引起关注。而摔跤的目的并不是为了打败别人，是为了不断挑战自己。孩子，现在你知道该怎么做了吗？"

父亲转头看向身旁的奈丹·图布辛巴亚。

奈丹·图布辛巴亚听了父亲的话后，仿佛明白了什么，眼睛里闪亮亮的，他的信心更多了。为了提升身体的基本体能，小奈丹每天早早地起床开始在草原上慢跑，对身体的呼吸作调整，以增强手臂力量和身子底盘的稳固。奈丹·图布辛巴亚还常常带着自家的小羊来锻炼，甚至是抱着大石头在大雨的天气中练习扎马步。

辛勤的付出总是有收获的。在一次摔跤大会上，奈丹·图布辛巴亚和对手各居南北一方，对方先发起进攻，企图一步到位摔倒奈丹。谁曾想奈丹灵活地躲避，再加上神勇的力气，让对方无从下手，就在其犹豫之际，迅猛的奈丹犹如狼王一样，快速走位，在对方毫无防备之时压制住对方，擒拿过肩一摔，比赛胜利。

奈丹·图布辛巴亚的出色表现引起了蒙古国体育部的注意。他们提议奈丹·图布辛巴亚应该去蒙古国国家队试一试，这个提议打动了奈丹·图布辛巴亚，他向父亲说明之后，也得到了父亲的支持。

凭借出色的考核成绩，奈丹·图布辛巴亚成功进入国家柔道队，国家队正规的柔道体能训练比奈丹·图布辛巴亚自己平常所做的训练强度要大了很多，每天奈丹·图布辛巴亚都大汗淋漓地回到宿舍，由于身体相当疲惫，躺在床上都能立即进入睡眠，但奈丹·图布辛巴亚从未想过放弃和松懈。

他时刻记着父亲在小山丘上说的那一番话，"成功是需要一番磨砺的。"在训练中心的各项测评中，奈丹·图布辛巴亚都获得了优异的成绩，成为训练营中的种子选手，教练也对他寄予厚望。

02

"小怪兽"爆发，成功摘金

18岁的奈丹·图布辛巴亚一进入柔道训练馆就以"拼命三郎"的爆发力被其他训练队员称为"小怪兽"。两年多的训练让奈丹·图布辛巴亚更加明白，柔道并不是像平时电视上所看到的那样轻松简单，运动员需要大脑冷静地去计算如何巧妙地应付、化解对手的攻击招式和消弱对方的力量，从而保存实力，积蓄绝对的力量和速度，在短时间内找出能够得分的攻击点和出击机会，不失时机地发起进攻。奈丹·图布辛巴亚知道自从1964年参加奥运会以来，蒙古国从未摘过一枚金牌，即使他们有一些传统的摔跤技巧和身体力量的优势，却依旧没有得过金牌。他由此更感觉到自己的责任重大，并有了更明确的目标。

眼看着2008年奥运会临近了，奈丹·图布辛巴亚和其他参赛选手都希望即将到来的北京之行能够为祖国赢回一份荣耀。于是他与队友们更加刻苦地训练，同时在心中告诉自己一定要打赢这场比赛。

这种有些焦急的心态对奈丹·图布辛巴亚产生了影响，一开始这种影响并不严重，奈丹·图布辛巴亚也能很快自我调节过来，但是随着时间的拉长和比赛时间的临近，这种影响越来越严重。训练营的教练也发现了奈丹·图布辛巴亚的异常，在一次对打训练后奈丹·图布辛巴亚又落败了，这已经是奈丹·图布辛巴亚第五次发挥失常了。看到教练投来的疑惑的目光，奈丹·图布辛巴亚懊恼极了。他不知道该怎么向教练表达现在这种说不清的焦灼感，经常指导奈丹·图布辛巴亚训练的一位教练看到他如此表现，便把奈丹·图布辛巴亚带到一旁询问他为什么最近会有这么多的失误。

奈丹·图布辛巴亚尔看着教练关怀的神情，他想了想，便说起这段时间以来自己也感到苦恼、迷茫：自己越是想努力，结果却越是不尽人意，越是心情紧张，常常训练更加失常，心情就更加烦躁。

教练听了之后，告诉奈丹·图布辛巴亚，中国有句俗语叫作"心急吃不了热豆腐"，这说的就是心急就会得不偿失，做事情，应该按照程序、步骤，要讲究方法和策略，否则将一事无成。"奈丹，其实你现在已经很好了，你不要给自己太大的压力，有压力固然是好事，但是压力太大了就会适得其反，现在的你需要的就是好好研究备战战略，调整好心理状态。你要知道，比赛的时候更容易让人产生情绪上的波动，如果你不能好好地调节掌控情绪，就会对比赛产生不好的影响，所以现在的你需要转变自己的心态。训练很辛苦，你们也需要适当的放松，今天下午训练营给你们一下午的休息时间，你们可以好好放松一下。现在我想知道你有信心转变好你的心态吗？"

"可以。教练，我相信我可以做到，请你也相信我。"奈丹·图布辛巴亚尔做了一个深呼吸，咬了咬牙，坚定地说。

"作为教练，我们一直都很相信你，你要加油了。"

出发去北京前夕的一个下午，奈丹·图布辛巴亚回了一趟家，父亲对他的回来表示惊讶，因为父亲知道这种时刻是不允许参赛队员私自离队的。奈丹·图布辛巴亚向父亲解释了他回来的原因，并向父亲诉说了他的担忧。父亲告诉他，在比赛中要以平常心对待，全力以赴打好每一场比赛就好，不要有太多负担和忧虑，因为这样会使你变得畏首畏尾。奈丹·图布辛巴亚认真地记住了父亲的话。在与家人度过温馨的一晚后，奈丹·图布辛巴亚就归队为比赛做准备了。时间转瞬即逝，2008年奥运会在紧锣密鼓的训练与准备中到来。奈丹·图布辛巴亚与参赛队伍一起来到了北京。

在北京调整准备期间，奈丹·图布辛巴亚还找来许多相关资料翻看，同伴之间相互沟通交流了一些柔道技巧。

有一天，奈丹·图布辛巴亚与同来北京参赛的一位外国柔道选手进行了一场柔道切磋友谊比赛。原本信心满满的奈丹·图布辛巴亚，在了解了对方的柔道水平之后，内心又添了一丝忧虑，甚至迷茫。站在场馆的二楼楼梯转角处，奈丹·图布辛巴亚可以看见场馆内各处都有忙碌的身影为大赛做着最后的准备，看着空旷的场地和繁忙的工作人员，奈丹·图布辛巴亚想起了刚刚结束的那场友谊赛，对手如此强劲。"我要怎么才能赢得胜利？"他默默问着自己。

正在惆怅之际，一个青春洋溢的女孩子走上前来有些激动地问道：

"请问你是奈丹·图布辛巴亚吗？"

奈丹·图布辛巴亚看着女孩点了点头，说道：

"我是，请问有什么事吗？"

女孩看着奈丹·图布辛巴亚说："我是你的粉丝，一直关注着你，这次我有幸成为志愿者能够来北京，挺激动的。但你现在为什么看起来不太高兴呢？"

"现在我们国家把太多的关注和期望都放在我身上，说实话，我现在的确有点压力。"

"我想你作为一个国家的代表，你会树立一个好榜样的。付出总是会有收获的，我相信只要你全力以赴不留遗憾，就是对祖国的最好回报。"女孩子耐心安慰道。

"谢谢你，我会努力的。"女孩子的话让奈丹·图布辛巴亚阴郁的心中突然亮堂起来。

比赛打响了，奈丹·图布辛巴亚参加的是100公斤级的男子柔道比赛。比赛按照小组赛出线—1/4决赛—半决赛—决赛的赛制进行。奈丹·图布辛巴亚一路稳扎稳打，顺利地从小组赛中出线，晋级1/4决赛，又以明显的优势成功晋级半决赛。

这时蒙古国教练们告诉奈丹·图布辛巴亚，一定要放松心态，好好地打进决赛，因为打进半决赛，这已是蒙古国参加柔道比赛以来目前为止取得的最好成绩，奈丹·图布辛巴亚不需要背上过多的包袱。

在经过两天的休整后，半决赛拉开帷幕。不负众望的奈丹·图布辛巴亚成功挺进决赛，蒙古国的队伍沸腾了。因为他们知道即使这次不能冲进前三强，他们也已经向世界证明了自己。晋级决赛后，奈丹·图布辛巴亚收到了许多慰问和祝贺。

一时间奈丹·图布辛巴亚名声骤起，但奈丹·图布辛巴亚不为外界的鲜花和掌声所动，依旧是那个憨厚的小伙子，和教练一起紧张地为决赛做准备。

面对记者的不停追问，奈丹·图布辛巴亚耿直地笑着说："我希望自己能再前进一步，去突破自己，也谢谢大家的支持和关心。"

激动人心的决赛到来了。

奈丹·图布辛巴亚的对手也越来越强了，每一场比赛，奈丹·图布辛巴亚都十分严谨地对待。一个又一个的对手在奈丹·图布辛巴亚惊人的爆发力下落败了。

8月14日晚进行男子柔道100公斤级决赛。终于奈丹·图布辛巴亚来到了最后的决赛场地，这一刻的他已经宛如一个英雄，但他更想让这个英雄称号实至名归。面对着最后的对手，奈丹·图布辛巴亚觉得很紧张，连呼吸都十分急促。在将近半个多小时的比赛后，24岁的奈丹·图布辛巴亚，这位身高1.76米、体重100公斤的蒙古大汉，先后获得两个"有效"和1个"技有"得分，并将比分优势保持到比赛结束，一举夺冠，成功为蒙古国摘得了参赛44年来的首枚金牌。这一刻见证了"小怪兽"的成功爆发，也让他成了蒙古国家喻户晓的英雄。

03

卫冕 未冕

2008年8月14日对24岁的奈丹·图布辛巴亚来说，是一个梦幻之夜，他憨厚的面孔立刻在蒙古国家喻户晓，因为他成为了蒙古国首位奥运金牌得主。对奈丹来说，多年的努力终于得到了回报，年轻的梦想有了驻足的地方，他的名字将在自己国家的奥运史上留下浓墨重彩的一笔。他的家庭，他的村庄，因为图布辛巴亚而熠熠生辉。2008年的奥运比赛，蒙古国在柔道赛上首获金牌，为蒙古国在柔道比赛，乃至国家的体育事业上开启一个新的时代，奈丹给无数像他一样的年轻人树立了一个榜样。

奈丹·图布辛巴亚并没有被胜利冲昏头脑。他很清楚，胜利只是暂时的，要想成功，要想保持好的成绩，他必须要更加努力。他像以往一样日日跑步，增强体力，时不时和人挑战摔跤，在摸爬滚打中参悟柔道精髓。常年的摔跤使他身上或多或少有些淤青，他的耳朵也成了"花耳朵"，虽然这些让他的面容常常不太雅观，但他憨态可掬的样子、对人和蔼的态度，使他收获了友谊和爱情。

贫穷一度困扰着蒙古这个几经动荡的国家，在2011年，蒙古国经济增长了17%，而增长的支柱却主要是藏在他们草原和荒漠以下的煤矿资源。负责奥尤陶勒盖的金和铜的开采项目的力拓矿业集团，是蒙古国奥运会队伍的赞助商，同时也是伦敦奥运会金牌的制造商。国家经济的复苏与繁荣也带动了体育事业的发展，用于体育事业的财政预算逐年增长。发展得越来越快、越来越好的蒙古给了所有心中有奥运梦想的运动员一个圆梦的平台。

而在奥运会上夺冠，不仅意味着奈丹·图布辛巴亚的个人荣誉，还有他肩膀上厚重的民族希望。那种来自骨血中深刻的民族自豪感让他有了不竭的奋斗动力。竞技体育原本就是以体力与耐力为基础的角逐，岁月并不会因为一个人的荣誉而宽待他，年轻的运动员也在成长，超越奈丹看似指日可待。但是奈丹的心态非常平和："如果你把它看作压力，那么它就是压力。反之，如果你把它看作动力，那它就是你前进的力量。运动员要学会释放自己，要学会在自己做的事情中寻找乐趣。你不能犹豫，因为犹豫不会给你带来成功。"

2012年伦敦奥运会上，28岁的奈丹·图布辛巴亚，再一次站到了赛场上，经过了四年的备战，奈丹的身体一如既往的强壮，在激烈的比赛中不小心变成的"花耳朵"也成了这个蒙古国柔道选手的标志。站在赛场上的他忘记了曾经的鲜花和掌声，他一直记得父亲说过，胜利永远不是打败了别人，而是战胜了自己。

在采访中，他讲述到，"当然，我们是为蒙古国而战，现在我再一次代表国家去争夺金牌，我要让自己和蒙古国的名字响彻世界。"

然而这一次，奈丹未能得偿所愿，在100公斤级柔道决赛中，俄罗斯选手吉尔·哈伊布拉耶夫战胜奈丹·图布辛巴亚夺得金牌。看到对手胜利后那一刻的喜悦，他仿佛看到了四年前的自己。他有那么一点落寞之感，但是也由衷地为对手高兴。比赛的得失并非真正的得失，他们都将收获最坚韧不拔的奥运精神。

四年前在北京，奈丹·图布辛巴亚勇夺 100 公斤级冠军，为蒙古国赢得历史上首枚奥运会金牌，被该国奥委会主席加克多苏伦称为"蒙古巴图（英雄）"。四年后在伦敦，带着伤痛坚持比赛的奈丹收获了银牌，这并不意味着这位蒙古国英雄的失败，最强大的对手并不是别人，而是奈丹积年累月训练比赛的伤痛，奈丹忍着伤痛为代表团赢得本届比赛的首枚银牌。

赛后，加克多苏伦透露，奈丹已被担架抬走，送往医院，"他有着永不放弃的精神，依然是蒙古国的英雄。他回国后肯定会受到人民热烈欢迎，不仅仅因为奖牌的颜色。"

04

因为爱依然前行

茫茫草原中，远的是房子的距离，但是这完全不影响人们将关系拉近的热心。

奈丹·图布辛巴亚本来性格内向，但也有好朋友。阿姊，就是他的好朋友。

有一天，奈丹·图布辛巴亚按照以往的习惯准点起床，推开门，青草的香气扑鼻而来。油油绿草让奈丹·图布辛巴亚的脑子里突然冒出来一个念头，好想和阿姊一起分享这份清香和绿色的美好，但是，这么早，她应该没有起床吧，我想为她留住这片美好，我能做点什么呢？

他想到了，他决定用这青草编一个草环，亲手戴在她的头上。于是，他立刻付诸行动，飞快地跑到草丛中，为阿姊的草环挑选长势良好的草条。

他费了很大功夫，精心编好了草环，他想在第一时间送给他的朋友，想跟她分享现在激动的心情。

阿姊家离他家其实还有一段距离，因为要翻过一座小山丘。慢慢地，他看到山丘上面站了人，他以为是阿姊，于是更想快快见到她，便兴冲冲地跑了起来。

不料，越来越靠近山丘，他发现，山头上的人不止一个，是一群。对，他们是阿亮、阿安、阿波，是一群小混混，所谓混混，就是他们对自己喜欢的人蛮横地不准别人做一些没有经过他们同意的事儿。而奈丹·图布辛巴亚现在触碰了他们的禁忌——擅自为阿姊编草环。

奈丹·图布辛巴亚看了看他们，发现他们挡住了他去阿姊家唯一的一条路。他们有十个人左右,他得好好想想怎么过去。

"这儿的规矩你都忘了,看来我们得好好让你长长记性。"阿波话音刚落,小混混们就冲了过来。他们把奈丹·图布辛巴亚打倒在地上,然后围住他一顿拳打脚踢。

"住手!你们太过分了!"这时一个清脆的声音出现了。小混混们看见阿姊出现了,纷纷走了。

只有在这个时候,奈丹·图布辛巴亚特别喜欢他们草原的一个规矩:男生不能欺负女生。

阿姊见小混混跑了,就急忙朝着奈丹·图布辛巴亚跑过来。

"奈丹,你怎么样了?你还好吗?伤到哪里没有……"阿姊见奈丹·图布辛巴亚被打得脸上青一块紫一块的,满心的担忧和痛惜,连声地问他。

"这个是给你的,刚刚编的。"奈丹·图布辛巴亚突然从怀里把草环拿了出来。

"你……刚才是不是为保护它,才不还手的?"阿姊看见草环,又高兴又震惊,都不知道该怎么说话了。

两个人相互看着对方,都笑了,她很开心,他也为她的开心而开心。太阳慢慢升起,阳光照射到了他们的脸上,他们脸上的笑更甜了。

不久，奈丹·图布辛巴亚再次通过选拔考试，进入国家队。奈丹·图布辛巴亚没有给自己留下遗憾，没有给父母丢脸。

去训练队之前，爷爷奶奶，姥姥姥爷甚至是姨姨姑姑都来送他，把他里三层外三层地围住了。他远远地看见了人群外层的阿姊，她也来送他了。

从金牌到银牌，心里有了落差，但也有了奋斗的动力。奈丹·图布辛巴亚没有放弃，因为爱他的人在鼓励他，支持他。

后来，图布辛巴亚因受伤不再参加比赛，但他没有放弃自己的运动生涯，而是换了另一种方式去展现他对运动的热忱。他选择作为教练辅导年轻选手，将自己的经验和技巧倾囊相授。运动员们称奈丹·图布辛巴亚为"可爱的教练"。

2016年2月，奥运柔道资格积分的大满贯赛于春节前在法国首都巴黎举行。赛后，国际柔道联合会更新了柔道选手积分排名。在男女各分7个级别的积分排名中，蒙古国有3名选手分别排在第一。大家都不会忘记奈丹·图布辛巴亚作为教练为国家柔道队所付出的汗水、作出的贡献。

奈丹·图布辛巴亚为蒙古国的柔道运动作出了巨大贡献，然而他的意义远不止于他作为教练培养了几个优秀运动员，也不止于作为蒙古运动员在奥运会上实现零的突破。还记得2008年8月14日，奈丹·图布辛巴亚在北京奥运会参加决赛的那个晚上。为了那场决赛，蒙古国共派出了6家电视台和 1 家报社专门赴北京报道，这是蒙古国历史上规模最大的奥运新闻采访团；此外，蒙古国还组成了 700 多人的奥运旅行团到北京为他加油助威。当他夺得冠军，成为蒙古国首位奥运金牌得主，蒙古全国的大街小巷成了一片欢乐的海洋。当晚 9 时左右，蒙古国总统、总理一起来到乌兰巴托市中心广场，和民众一起狂欢。"今天晚上是不眠狂欢夜。"总统恩赫巴亚尔在广场发表讲话，他一开始就说，"蒙古国出了金牌运动员，这是我的荣幸，也是人民的荣幸，我们等待这一刻很久了！"而总理巴亚尔抢过麦克风，高呼"蒙古国万岁"，声音因激动变得沙哑，广场上响起震耳的欢呼声。随后总统、总理还一起领唱国歌，广场上的气氛接近沸腾。将至深夜，乌兰巴托燃放烟花的声音仍不绝于耳。

　　回国后，图布辛巴亚不仅获得了蒙古国政府颁发的 1.2 亿图格里克（约合 1 万美元）的奖金，蒙古国总统恩赫巴亚尔还下令授予图布辛巴亚尔"功勋运动员"和"劳动英雄"称号以及象征最高荣誉的"苏赫巴托尔"勋章。

Chapter 08

美女歌后

——斯日其玛

蒙古国美女歌后斯日其玛
二零一三年六月
吴朝浩画

遥远的蒙古国北方有这样一处仙境，绿草织造的地毯铺满广袤的大地，大地映衬出湛蓝的天空，天空连接着远处的山峦，犹如一幅水墨画。在这如痴如醉的国度里，孕育出了朴实善良却又坚韧、勇敢的蒙古族。斯日其玛就是在这样的国度里成长起来的。

斯日其玛（Sambuugiin Serchmaa，1982—），蒙古国歌唱家。先后毕业于蒙古国国立音乐舞蹈大学和北京语言大学。5岁开始学习小提琴，12岁时创作了其处女作《乐曲》，同年荣获蒙古国儿童歌曲大赛金奖，16岁组建"四女"组合并开始登台演出，先后在中国、日本、美国、韩国、俄罗斯、英国等国演出，并成功举办了个人演唱会。1999年获上海国际演唱会优秀奖，2002年获得蒙古国金话筒杯歌手大赛金奖，2003年获俄罗斯新春音乐会最高奖——金星奖。被誉为蒙古国的美女歌后。代表歌曲有《心之寻》《梦中的母亲》《希望你想念我》等。

01
执着于梦想的音乐之路

1982年5月21日，斯日其玛出生在蒙古国一个普通的牧民家庭，草原民族能歌善舞，母亲是位朴实善良且爱唱歌的勤劳妇女，父亲是位勇敢豪迈的草原大汉，也非常喜爱唱歌。斯日其玛的家庭与其他游牧家庭一样，开设牧场，过着放养牛羊的幸福的小日子。在热爱歌唱的父母的影响熏陶下，斯日其玛从小就特别喜欢唱歌，常常一个人面对大山，面对大草原放声歌唱，在上学的路上唱，在干农活时也唱，这样日积月累，她练就了一副好嗓子。

那时斯日其玛居住的部落有位很厉害的小提琴手，一旦这个小提琴手开始演奏，小斯日其玛就跑过去安静地听，认真地看。父母见她如此喜欢音乐，就给她买了一把小提琴，让她跟着小提琴手学。那时她才5岁，天资聪颖，又努力好学，因此进步飞速，深得这位小提琴老师的喜爱。自那时起，她开始每天拉琴，潜力被慢慢挖掘出来，之后便自己开始试着创作。在大人们眼中，小斯日其玛是个认真刻苦的孩子，生活中的各种声音，像鸟儿、虫儿的声音，金属碰撞发出的声音，她都会记在心中，这对她的歌曲创作带来了很大的帮助。

12岁那年，小斯日其玛将平时听到的大自然的声音巧妙地运用起来，其处女作《乐曲》应运而生。她带着自己的原创作品去参加蒙古国儿童歌曲大赛，幸运的是，这部作品荣获了蒙古国儿童歌曲比赛第一名，这对小斯日其玛走上音乐之路产生了很大的鼓舞。

16岁时斯日其玛与另外几名喜爱音乐的志同道合的朋友组建青年活力组合"四女",由此开始了她的演艺生涯。此时的她已在歌坛崭露头角,获得蒙古国歌坛的重视,受到民众的喜爱和广泛关注。1999年因一些不可避免的原因"四女"组合宣布解散,此后她开始独立出演,同年荣获上海国际演唱会优秀奖。

在就读蒙古国国立音乐舞蹈大学后,斯日其玛始终保持着她对音乐的热爱,在大学里继续音乐创作,自己写歌作曲。在一次聚会中,斯日其玛被蒙古国乐坛一位著名音乐老师"相中",这位老师邀请她担任公司的音乐制作助理。老师感觉她乐感很好,可塑性强,是个可以雕琢的好料,便收她做关门弟子。但她没受过音乐的专业指导,缺乏基础的专业知识,于是斯日其玛向老师虚心求教,废寝忘食地学习。老师把她的努力都看在眼里,就试着找歌手唱她的歌。可是,社会总归是现实胜过理想,许多著名歌手都不情愿去唱一个初出茅庐的音乐制片人写的歌,他们还评价她写的歌太随意、情感太天真。老师不愿泯灭她的才华,鼓励她坚定信念,让她自己写歌,自己演唱,自己出专辑。宝剑锋从磨砺出,梅花香自苦寒来。斯日其玛的第一张专辑一经问世,就引起了蒙古国现代流行乐坛的轰动。她把握机会,不久又推出了第二张专辑，在蒙古国风靡一时。

2002年斯日其玛从大学毕业了。在蒙古国国立音乐舞蹈大学学习期间，她的曲风变得更加成熟稳重，先后在世界许多国家成功举办了个人演唱会，中国、日本、美国等国家都留下了她的足迹。她极富穿透力的嗓音给人们留下了深刻的印象。她因此获得了许多喜爱她的歌迷粉丝。

就在同年，斯日其玛又取得了蒙古国金话筒杯歌手大赛第一名，因对待工作认真努力，她被授予劳动模范称号；2003年参加俄罗斯新春音乐会，凭借其精湛的演唱功底，饱含感情的声音，斯日其玛一举拿下人生最高荣誉——金星奖。之后她声名大振，在各地开演唱会，音乐之路一帆风顺。鉴于斯日其玛对蒙古国音乐创新以及蒙古国对外文化传播的贡献，2005年被授予蒙古国"杰出文化工作者"之称号。2008年，她应邀参加了中国广西民歌节晚会的开幕式，还参加了中国·呼和浩特昭君节开幕式晚会。内蒙古电视台春节晚会更是连续五年邀请斯日其玛登台演出，可见她的人气之高。

02
以民族之魂为谱

斯日其玛被热情的蒙古国歌迷粉丝冠以"美女歌后"的称号,这与她那得天独厚的成长环境和音乐环境是分不开的。草原深邃悠扬的味道,时常萦绕在斯日其玛的心底,让她的歌声带着草原宽广的胸怀在天地间纵情驰骋。每一个蒙古民族人的心里,都深藏着一片辽阔无边的大草原:湛蓝的天空下奔驰着匹匹骏马,柔柔的棉花糖似的白云下伫立着一个个升起炊烟的蒙古包,那是蒙古国人民温暖舒适的家园;那绿茵茵的小草身上似乎也夹带着浓郁芳香的酥油茶的香气,可口的羊扒肉滋养了草原民族,那成群的牛羊带给人们踏实的生活。还有夜晚时身披满天繁星,驻足在寂静的大地上,听流淌着的小溪将悠扬的马头琴音带去远方。清晨,蒙古国儿女闻到吹过草丛、带着清香的微风,看见萦绕在草尖上的露滴,就如同他们水晶般清澈的心……这些画卷都深深地印在蒙古族人的心中,是蒙古族人到任何时候都无法割舍的根,是蒙古族人不可玷污的净土,是蒙古族人赖以生活的家园和生存下去的勇气与精神支撑。在斯日其玛的歌声里,表达出她对家乡这片热土深沉热烈的爱,并自然流露出一个草原女儿独特的情感和心声。

蒙古族是能歌善舞的民族,其音乐具有独特的北方游牧民族风格:悠扬的旋律是游牧民族宁静生活的缩影,草原辽阔豪迈的气息隐秘其中。所以蒙古民歌由质朴、爽朗、热情、豪放的蒙古族人民演唱出来时,使人仿佛觉得是置身在蒙古大草原里看万马奔腾。

传统的草原歌曲有着自由的旋律和悠扬的气息,速度较慢,音域宽广,而斯日其玛加以改造,就形成了现代草原小调歌韵律整齐,速度轻快的特征,具有现代音乐的韵律。如今她不仅是蒙古国人民心中歌后级的人物,还获得了国际乐坛颁发的金奖,种种荣誉正是对她实力派演唱家的公认。

斯日其玛成长自大草原的背景奠定了她日后深厚的音乐功底。而且,她是一位一直创新、不断超越自我的真正的歌者,勇于并且乐于挑战各种不同曲风。她将蒙古长调抒情式的草原歌曲和现代韵味的音调、节奏、韵律相结合,创造出《梦中的母亲》《希望你看多了想念我》《独角戏》《弯弯的月亮》等独特风格的代表作品,是现代歌坛里可遇不可求的潜力歌手。她的作品既包含草原民歌古典醇厚的特点,又有现代歌曲的流行韵味。她演唱的《莫斯科郊外的晚上》虽是俄罗斯歌曲,但在内蒙古、北京等地产生了很大的影响力,吸引了大批的歌迷粉丝。

　　斯日其玛是特别重感情的一个人，她的歌简单直白，从她的歌中就能听出她的喜怒哀乐，她的洒脱豪放。她选择从音乐中寻找真实的自己，尽情流露自己的情感，用音乐描绘她对美好生活的向往与憧憬。她不只是用声音在演唱，更是用心在演唱，所以她才能真实准确地传达出歌曲中饱含的真挚情感，获得千万歌迷的喜爱。与她合作登台演出更是一种美的享受，她像是会魔法般，很自然地把合作者带到她所塑造的世界里。这样一位性情中人会为了音乐，为了她认为一切值得的事情，不顾困难险阻去努力追求。

　　蒙古国那样苍茫辽阔的地方培养出了斯日其玛这样独具特色的歌手，她用原生态的声音传递着属于现代人的情感，令人惊艳。与自然融为一体的歌声才最让人感动。蒙古国那得天独厚的生活环境是孕育像斯日其玛之类的歌手的圣地。在这片圣地里人们的心灵会得到净化，摆脱世俗红尘的牵绊，一心追求心中的乐土，回归极致纯真。

03
因为心中有爱

斯日其玛翻唱的歌曲《独角戏》被称为"翻唱的经典之作"。

《独角戏》原为中国台湾地区的一首歌，由许常德作词、季忠平作曲、许茹芸演唱。

"是谁导演这场戏，在这孤单角色里，对白总是自言自语，对手都是回忆，看不出什么结局。"《独角戏》是一首倾诉女子单相思的歌曲，哀伤的歌词，凄美的音乐，加上完美的芸式唱腔，使《独角戏》自 1996 年 9 月发行以来，成为被传唱甚广的"芸式情歌"。斯日其玛参照歌词的中文原意，简化后用蒙古文重新填词，曲谱则没有改变。

斯日其玛为什么要用蒙语翻唱《独角戏》，一直以来音乐界都在探寻着其中的缘由，直到现在还是未果。一个比较公认的说法是：斯日其玛曾经与某位著名舞蹈家有一段未曝光的恋情，但之前斯日其玛并不知道舞蹈家也喜欢自己，在太过于思念时偶然听到了这首歌，她认为这首歌是自己的真实写照，非常喜爱它，便下定决心自己翻译过来演唱，以表达自己单相思的苦楚。斯日其玛对伴奏音乐并未做任何修改，她认为原曲旋律已经能很好地表达出自己的情感了。所以她在创作蒙古语歌词时，都是按照汉语语意直接翻译的，并没有改变原意。可她并不只是单纯的演绎原唱，斯日其玛在唱腔上运用蒙古音乐特有的空灵感重新演绎了这首歌，使其更加生动真切地表达出自己的情感，极具感染力。这里摘录其中的一小段歌词：

> 心中有千言万语就是不敢告诉你，
> 也许只是胡思乱想欺骗自己感情，
> 假装对你动了心，
> 自导自演一出戏一定会是好结局，
> 但是注定从一开始自己唱独角戏，
> 没有相见和别离。

斯日其玛曾说《独角戏》唱出了我们每个人心中的那个小秘密。爱是一个很温暖的词，总是能让我们勇敢地去面对，去追逐。愿我们心中都有爱的人，在尘世行走时不会过于孤单。如今她用自己的方式重新演绎这首老歌，唱出了不一样的风味。

如果说《独角戏》唱的是小爱，那么《梦中的母亲》

（Angir Eej）则唱出了博大的母爱，她的曲调、唱腔都体现了典型的蒙古风情，具有独特的品位和情趣。这首歌的表演形式完全是典型的蒙古特色，蕴含着饱满的草原情怀。听到这首歌，仿佛看到了在悠远宁静的天空下，一位悲情忧伤的母亲正在思念远方的游子，她的双眸望向一碧千里、看不到边际的辽阔大草原，无惧风雨，无惧雷电，只担心不见儿子归来。母亲的声声呼唤啊，令人心碎。"母亲在出远门时曾经告诫他，草原的清香无论天涯海角也不能相忘；父亲喜爱诉说家乡那条日夜流淌的小河，遥远的家乡的小河总是在儿子心中流淌；母亲告诉了孩子什么叫作细腻，父亲告诉孩子什么叫作磅礴伟岸，站在芬芳草原上的孩子泪如泉涌，他想念如山般的父爱，如水般的母爱……河水在悄悄地呜咽，仿佛传唱着祖先的祝福，保佑漂泊的孩子早日找到自己回家的路……"《梦中的母亲》这首歌勾起了人们心目中最原始的纯净与美好，勾起了对父爱与母爱最纯洁的思念与向往。

这首《梦中的母亲》是同名电影（又译《梦中走来的母亲》）的主题曲，电影叙述了一个真真切切的悲惨故事。在蒙古国经济相对落后时期，人民生活消费水平低下，于是政府鼓励生育，增加劳动力，以有利于社会发展，提高生活水平。但是很多年轻女性无法对自己一次冲动行为后所导致的后果负责，这些孩子有的就成了私生子，甚至被母亲遗弃。被遗弃的孩子不知道自己的家在哪里，不知道父母长什么样，不知道自己从哪里来的，他们的出生或许是一种错误，他们被人辱骂，被迫当廉价劳动力，过着衣不蔽体、食不果腹的凄苦生活。这种孩子生来就是痛苦的，他们没有得到过父母的爱，也只能在梦里与亲人相聚半刻。电影中一个不知名姓的弃儿千辛万苦地寻找自己的亲生母亲，无奈却被一个剧组欺骗，编剧骗他说只要他为她们拍摄一组反映自己真实情况的影片，他们就会帮助他寻找母亲。这个孩子懵懂无知，以为剧组真的能带他找到自己的亲生母亲，却不知剧组只是在利用他，利用他来拍摄一部如他一般的弃儿艰苦生活的影片，可怜他还跟随剧组辗转各地，期待与母亲的重逢……这部影片可以说是蒙古国当时的缩影，折射出许多蒙古国孤儿的悲惨遭遇。每个人听过这首歌，都会情不自禁潸然泪下，内心伤感万分。

《梦中的母亲》节选：

噢，母亲像那白度母一样心地善良，
啊，慈祥的母亲啊，慈祥的母亲，
我是您用生命写下的历史，
噢，慈祥的母亲是儿女们的太阳，

噢，为了我们，您燃尽青春之光。

2005年的寒冷的冬季，著名作曲家斯琴朝克图经朋友推荐看了一部影片，这部影片的内容大致是说上海足足有3000名孤儿在苦难时期远离故土，被送往北方融入新生活的故事。这些被领养的内地孤儿，来到了博爱的草原，有了一个全新完整的家，不再受战争和无家之苦。这些孤儿慢慢敞开心扉与养父母和那里的孩子重新建立了浓厚的亲情友情关系。这些孤儿虽然在这片不熟悉的土地上成长起来，不再受衣不覆体、食不果腹之苦，但这草原终究不是他们原始的根所在，在他们内心深处，仍旧想念故土的一草一木，不敢忘怀，怀念已故的亲人，他们在自我成长的道路上，依然在努力追寻那个永驻亲情的家乡。他们仍旧是汉族的孩子，是草原接纳了他们，他们的感激之情溢于言表。看完这部影片，斯琴朝克图的心灵受到震撼，她的创作激情被激发，灵感随之而来，她与好友那森合作完成了《心之灵》这首歌曲。在2006年内蒙古电视台春节晚会上，美女歌后斯日其玛演唱了这首歌，她用她的歌声再一次震撼了广大听众。

《心之寻》这首歌的前半部分伴着马头琴美妙的音律，后半部分中有力温暖的歌词充斥着一种幸福的爱，暖暖地洒在听者的心田。闭上眼睛细细聆听，感觉一下子被引入到童话般的世界，那是蒙古游牧民族的圣地，在那片圣地上承载着蒙古族人的自由、豪爽与洒脱。斯日其玛的声音一出来，如玉石般温润，如篝火般温暖，铺洒进听众的心灵深处。细细品味她的声音，如同呼吸着泛着纯净草香的空气，甚至感觉到她的声音回荡在整个草原，因为她是在用心歌唱，用爱在歌唱，用生命在歌唱。只有动情的歌唱者才能把蒙古人安逸宁静幸福的生活体现得淋漓尽致，尽善尽美。

节选一小段《心之寻》的歌词：

太阳落山，群山苍茫。
晚风阵阵，吹过牧场。
泪眼蒙眬，望穿远方。
寻不见母亲忙碌的模样。
母亲啊，母亲，
在那岁月的风里，
轻轻地吻我，吻我的脸庞。

繁星闪烁，夜幕降临。
圆圆的月亮挂在天上。
我在梦里，苦苦相望，
看不见母亲苍老的身影。

母亲啊，母亲，

在那遥远的地方，

你的笑容是否，从前一样？

2009年7月，在第三届呼和浩特民族商品交易会暨第十届昭君文化节开幕式晚会上，美丽的天籁歌后斯日其玛首次用中文倾情演唱了汉语歌曲《杭盖草原》。

嘿，沉静的杭盖

飘落在遥远的天边

悄无声息的寂静

弥漫着乳香的芬芳

杭盖无边的大草原啊

赋予我生命自由的胸怀

长生天庇佑的家园

祖先赐予的古老神灵

呼唤着我们生存的灵慧

苍天恩赐的摇篮

嘿，蓝色的杭盖

飘落在遥远的天边

骏马奔放的绿色

……

虽然是第一次用中文演唱，但她深情、动听的歌声让人对杭盖草原心驰神往。歌曲开篇就是一段悠扬的轻快旋律，接着她那如百灵鸟般动听的歌喉传入观众的耳朵，大家的思绪随着她的歌声来到广阔的天地间。站在土地上眺望远方的风景，一个个蒙古包点缀在广阔辽远的青青草原上，格外引人注目。在蒙古包周围空地上成群结队的牛羊在悠闲地"散步"，这就是一幅诗人勾勒出的"天苍苍，野茫茫，风吹草低见牛羊"的牧民生活图啊。蔚蓝的天空，片片白云缓缓地飘过，有的像鹿儿在天上跳跃着；有的像鱼儿在摇着尾巴遨游；有的像棉花糖似的，在诱惑着人们的味觉；更有的像花儿似的，慢慢扩散开来，仿佛能让人闻到飘来的阵阵清香。而那些被风刮乱，分散开来的几朵小云，则像几只与羊群分散的小羊，不停地追着羊群。睁开眼来，俯身而看，仿若已置身于一片花海之中，各种花香夹杂着小河边的水汽，以及草与泥土混合的气味扑鼻而来，味道淡淡的，却沁人心脾。这场景让人甘愿成为大自然的一员。斯日其玛的歌声已经停止，而人们还陶醉在这如痴如醉的画卷中，久久不能自拔。

2009年10月中旬，时为北京语言大学在校留学生的斯日其玛召开新闻发布会，宣布将举行个人演唱会，她的团队发表声明称，历时两个多月的紧张筹备工作已顺利完成，斯日其玛名为"心中的歌"的个人演唱会将于2009年10月24日、25日两天在中国内蒙古呼和浩特市乌兰恰特大剧院隆重举行，十分欢迎歌迷朋友前去观看。

2009年10月24日和25日晚，斯日其玛的个人演唱会如期在内蒙古呼和浩特市乌兰恰特大剧场举行。这次演唱会名为"心中的歌"，意思是要唱出她的心声，同时也是在场每个人的心声。斯日其玛说，这是她第一次在中国这么大的国家举办个人演唱会，内心十分激动和紧张。为了使这次演唱会圆满成功，斯日其玛精心准备了23首歌曲，其中《梦中的母亲》《希望你想念我》等歌曲是她在蒙古国演唱过的经典曲目。为了让中国的歌迷们不虚此行，她还用心展现出了自己的特色：用蒙古语翻唱中国歌曲《独角戏》；而且还用不太熟练的中文演唱了《来吧》《弯弯的月亮》等一系列悠扬婉转的中国歌曲，得到了歌迷粉丝的一致好评。

2015年12月11日晚，斯日其玛在呼和浩特市乌兰恰特大剧场举办了第二场个人演唱会。在两个小时左右的演唱会中，她携自己的乐队为她的铁杆粉丝们用蒙古语、汉语交织的方式激情演绎了一首首经典动听的歌曲，献上了一场精妙无比的视听盛宴，深深打动了现场观众的心，让他们流下了感动的泪水。不管哪一首歌，旋律一出，伴随着斯日其玛那阳光、温暖、充满感染力的歌喉，几乎都会引起全场大合唱，斯日其玛与现场铁杆粉丝们亲切互动，台下不断传来尖叫声。开心的斯日其玛还走进观众席与歌迷粉丝合唱起来，寒风凛冽的青城刮起了一股音乐盛典的热浪，直击人们的心灵深处，温暖了每个人的心。

2015年12月15日，斯日其玛在内蒙古呼和浩特市乌兰恰特大剧场再次举办了个人演唱会，令歌迷们激动不已。

演唱会结束之后，斯日其玛的团队协同呼和浩特市曲歌文化传媒有限公司推出了一场风格独特的名为"第三届科尔沁民歌"演唱会。在这场演唱会上，斯日其玛运用灵活的歌唱技巧演唱不同风格的歌曲，同样获得了观众的盛赞。

04

传递爱的使者

斯日其玛除了作为歌手热爱音乐之外，还是一个公益事业的热心人，经常参与慈善项目，在蒙古国内和国外从事着慈善事业，帮助了许多人。她还与其他歌手共同演绎了 *Bichihanzuruh* 这首公益歌曲，为儿童权益奔走忙碌。

这位善良的美女歌后经常去孤儿院和边远部族的幼儿学校义捐，不仅对孩子的生活、上学等方面给予物质经济帮助，她还注重孩子们的心理健康成长，经常去学校给孩子们带去欢声笑语，慰藉孩子们心灵上的伤痛。斯日其玛经常到残障学校看望那些有缺陷的孩子们，为了与孩子们沟通，她还专门学习了手语与听障儿童交流。斯日其玛每次去的时候都会带许多小礼物给孩子们，一进门一双双渴望的眼睛望着她，一双双小手全部伸向斯日其玛。他们嘴里喊着斯日其玛的名字，争着与斯日其玛握手，令斯日其玛感慨万千，激动不已。斯日其玛每次去都会和他们一起吃饭，一起玩耍，为他们唱歌。后来，斯日其玛在接受采访时说："我现在觉得手语是世界上最巧妙的语言，当我用手语和这些小朋友讲话时，我感觉整个人好像是在跳舞，在飞翔。"斯日其玛努力与内心敏感的孩子交朋友，耐心地同他们交流，安抚他们的幼小心灵，像母亲般照顾他们，悉心呵护。斯日其玛还捐资让这些孩子上学读书，接受良好的教育，不让他们与社会脱节。

截至目前，斯日其玛捐资甚多。她参加慈善演唱会，并演唱了自己的经典歌曲《心之寻》《梦中的母亲》等，成功获得 300 万元的爱心助力金，为贫困儿童和贫困大学生送去希望之光。她还倡议国家举行爱心人士、名人明星资金征集之类的活动，动员和鼓励更多有爱心的社会知名人士、明星积极参与到募捐活动中来。斯日其玛不仅关注孩童，还关注孤寡老人的生活，她经常去敬老院陪伴老人，并为他们演唱，为他们带去爱与关怀。这位美丽善良的姑娘在用自己的行动发光发热，为需要帮助的人，为共建美好社会奉献一份力量，传递爱与感动。

从事慈善活动后，斯日其玛变了很多，变得更加从容了。有些人对她的变化议论纷纷，胡乱猜测编造一些莫须有的故事，但她都不理会。只有她自己明白：名利是身外之物，以热烈的心和纯洁的灵魂，充满善意地帮助他人才是给予生命的最好礼物。她总是默默地做自己认为值得的事，默默地做慈善事业，在长长的慈善事业捐助名单里，总会有她的名字。

美丽的斯日其玛现在还很年轻，她虽是蒙古国实力派美女歌后、国际金奖获得者，可是她不骄不躁，不争不夺，步伐从容、沉稳。她在北京语言大学学习过汉语语言，了解汉语文化，受汉语音乐风格的熏陶，她的演唱风格里自然而然带有了东方式唱法。她巧妙地将蒙古长调唱法与东方唱法结合起来，唱出来的歌曲让人感觉很舒服，很温暖，让人情不自禁地就进入了她所描绘的世界里。现在的她淡泊名利，低调内敛，歌曲的风格也有了很大的变化，深沉隐秘，字字都是带着人生感悟的箴言。她的心境心态十分稳定，也因此，她的原创音乐作品也更加优秀，更受人们喜爱。

除了坚持音乐事业,她还一直坚持从事公益事业。用自己力所能及的力量去帮助那些无助的人们,数十年如一日,从未间断。也是因为她在乐坛的影响力和号召力,许多音乐人以她为榜样,帮助贫困的孩子和失业的青年,集资了一笔又一笔爱心捐赠。虽然为社会做了巨大的贡献,但她仍处事低调,如同她对佛教的虔诚一样,她充满赤诚地、不求任何回报地对待每一个需要帮助的生命。她成为人们心中的一缕阳光,一直感动着许许多多人。

后　记

"一带一路"相关国家众多，代表性人物众多，为中外交好、民心相通作出杰出贡献的人士众多，因此，为"一带一路"璀璨群星立传，既使命光荣，又责任重大。在这项浩大工程的策划、组织、执行过程中，有许许多多的人士参加了有关传主的名单征集和审定，以及写作、翻译、审读、编辑、出版、筹资、联络等繁重而琐细的工作。所有参与的人员，以拳拳报国之心，尽深厚学养之力，克服了时间紧、任务重、要求高、压力大等诸多困难与挑战，最终圆满完成了任务。在本书付梓之际，丛书编委会特向参与本项目的全体同志致以崇高敬意和衷心感谢！

同时特别需要鸣谢的是，提出策划并领导实施此项目的中国传记文学学会会长王丽博士，基于长期法律实务经验和担任"一带一路服务机制"主席职务的便利，她对相关国家和走出去的"一带一路"建设者和广大青少年的需求了解真切，提出应当为他们写一套介绍各国典型人物的简明易读的传记，为他们提供健康的精神食粮。她把这项"额外"的工作当成了事业，联袂商会筹集资金、苦口婆心招揽作者、精心挑选传主名录、夙夜青灯挥笔写作、近乎偏执逐字推敲、亲力亲为呕心沥血。面对如此浩大的出版项目和繁重的出版任务，当代世界出版社毅然承担了绝大部分图书的出版任务，而且出版社的领导与中国传记文学学会的负责同志一起协商，寻求有关部门的支持和帮助，努力将该传系打造成高质量的精品好书。在此，我们特向项目牵头人和当代世界出版社相关领导和编辑致以崇高敬意和衷心感谢！

尤其让我们感动的是，在项目执行过程中，一些富有家国情怀的民间商会和企业家的慷慨解囊，虽不足以支撑项目的全部费用，但是他们所表现出的热心和支持，让我们坚定了走下去的信心和决心。在此，我们要特别鸣谢为本书的创作出版做出捐赠支持的中国民营经济国际合作商会、亿阳集团股份有限公司、富通集团有限公司以及太平洋证券股份有限公司，并对他们的拳拳报国之心和慷慨无私帮助致以崇高敬意和衷心感谢！

一项伟大的事业，离不开许多默默无闻的奉献者。在本传系的组织、编写、出版过程中，有历史、文学、科研、外交、教育、法律、翻译、出版等领域的数百位专业人士参与，恕不能在此一一详列。需要特别提出的是，鞠思佳、徐帮学、景峰等同志为组织联络、搜集资料到处奔波而毫无怨言，唐得阳、唐岫敏、白明亮、谭笑等同志在编写、翻译、编辑、校对过程中的细致与负责让我们感动，赵实、胡占凡、高明光、吴尚之、刘尚军、李岩、王灵桂、李永全、陈小明、许正明、宋志军等同志睿智的指点和专业的帮助让我们避免了走许多弯路。在此，我们特向以上各位同志致以崇高敬意和衷心感谢！

当然，由于我们水平所限，本丛书难免有某些不尽人意之处和瑕疵，敬请学界专家和各位读者不吝赐教，我们将在作品再版之时吸收完善。在此，我们也向各位读者提前表示崇高敬意和深深感谢！

"'一带一路'列国人物传系"编委会

2019年3月30日

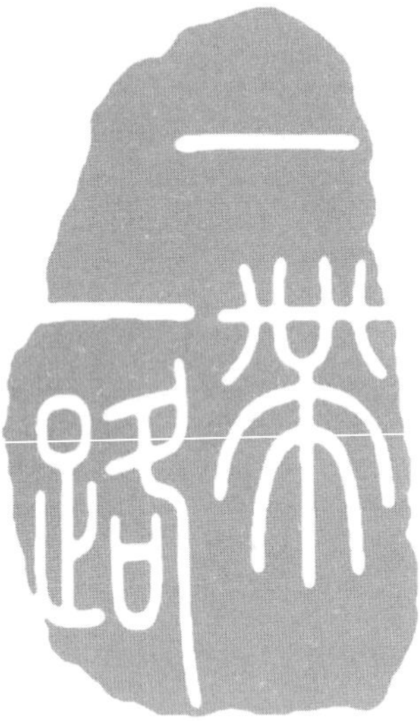
一带一路